100 perguntas
sobre o
Ho'oponopono

MABEL KATZ

100 perguntas sobre o Ho'oponopono

CONSCIÊNCIA EXPANDIDA

Tradução
STELA DANNA

academia

Copyright © Mabel Katz, 2022
Copyright © Editora Planeta do Brasil, 2024
Copyright da tradução © Stela Danna, 2024
Título original: *100 preguntas sobre el Ho'oponopono*
Todos os direitos reservados.

O conteúdo a seguir é baseado nas experiências profissionais e estudos da autora. Seu objetivo é fornecer material útil e informativo sobre os assuntos abordados e de maneira alguma substitui aconselhamento médico ou psicológico.

Preparação: Bonie Santos
Revisão: Diego Franco Gonçales e Barbara Parente
Capa e projeto gráfico: Departamento de Diseño de Ediciones Aquari
Aquarelas de miolo: Gladiz Naiza Rosas
Diagramação: Vanessa Lima
Adaptação de capa: Emily Macedo e Renata Spolidoro

Dados Internacionais de Catalogação na Publicação (CIP)
Angélica Ilacqua CRB-8/7057

Katz, Mabel
  100 perguntas sobre o Ho'oponopono / Mabel Katz ; tradução de Stela Danna. - São Paulo : Planeta do Brasil, 2024.
  144 p. : il., color.

ISBN 978-85-422-2626-3
Título original: IOO preguntas sobre el Ho'oponopono

1. Autoajuda 2. Meditação 3. Mantra I. Título II. Danna, Stela

24-0455   CDD 158.1

Índice para catálogo sistemático:
1. Autoajuda

Ao escolher este livro, você está apoiando o manejo responsável das florestas do mundo

2024
Todos os direitos desta edição reservados à
EDITORA PLANETA DO BRASIL LTDA.
Rua Bela Cintra, 986 – 4º andar
01415-002 – Consolação
São Paulo-SP
www.planetadelivros.com.br
faleconosco@editoraplaneta.com.br

Introdução 13

CAPÍTULO 1
Soltar e confiar 23

CAPÍTULO 2
Em busca dos nossos dons naturais e o encontro da nossa missão e do nosso caminho espiritual 39

CAPÍTULO 3
Recuperando o controle e o poder da nossa vida 53

CAPÍTULO 4
O Ho'oponopono e os relacionamentos 67

CAPÍTULO 5
O Ho'oponopono e a saúde 93

CAPÍTULO 6
Prosperidade e dinheiro 109

Para terminar... 123

Ferramentas para praticar o Ho'oponopono 127

Glossário 135

*Quando
nós mudamos...
os outros
também mudam.*

Solte

e confie

Introdução

Obrigada
por estar
aqui e por me
possibilitar
compartilhar
com você...

Nestes tempos tão importantes, de grandes mudanças de paradigma, é essencial criarmos relações de comunidade, isto é, relações de cooperação e apoio mútuo. Agora, mais do que nunca, você deve soltar e confiar, aprendendo a ver os desafios de uma maneira diferente, sabendo que eles sempre são oportunidades para crescer, aprender e ser melhor.

É preciso mudar sua percepção para poder ver, falar e agir a partir da inspiração. Esse é o caminho mais fácil para a paz, para a felicidade e para a abundância.

Sei que estamos vivendo tempos difíceis. As pessoas me escrevem de todas as partes do mundo com medos, preocupações e problemas, com a sensação de que o fim do mundo se aproxima. As notícias mostram situações de medo que nos deixam sempre em alerta e já não sabemos mais em quem acreditar ou quem é confiável e nos diz a verdade.

Perceba que estamos em uma era diferente. Você pode continuar "comprando" ou se prendendo a certas coisas. Entendo que às vezes é difícil não fazer isso, mas se você realmente quer mudar a sua vida e contribuir para criar um mundo melhor para si e para as próximas gerações, não continue fazendo a mesma coisa esperando resultados diferentes. Não se dê mais ao luxo de continuar comprando o medo, porque, se você fizer isso, se desviará do seu próprio caminho.

É hora de confiar e aceitar que tudo o que acontece é certo e perfeito. Sei que isso pode parecer incompreensível intelectualmente, mas você pode entender e ir além. Para isso, é preciso que você perceba que Deus (o Universo) está conosco, que existe uma ordem divina e que as coisas realmente não acontecem por acaso. Não existe boa sorte ou má sorte, tudo depende das suas decisões. Se algo acontece, é porque é o certo para a sua evolução e o seu crescimento espiritual.

Quero esclarecer que, quando menciono Deus aqui, não falo de um ponto de vista religioso. Falo daquela parte que está dentro de nós, que nos criou, que nos conhece melhor do que ninguém e que tem todas as respostas e soluções para os nossos problemas. Podemos definir essa parte como uma mente mais inteligente que a nossa, que pensou no corpo humano, nas montanhas e nos oceanos.

Digo que encontrei Deus dentro de mim quando comecei a confiar em mim mesma. Não tenho a menor dúvida de que todos o temos dentro de nós e de que ele está mais perto que a nossa própria respiração. Ele só está esperando nossa permissão para agir, nos proteger e nos guiar na melhor direção possível.

Perceba que existe um ritmo divino. Você percebe esse ritmo na natureza, nos animais ou nos pássaros. Recupere o seu ritmo, você está fora do compasso!

Se conseguir entender um pouco mais, possivelmente você conseguirá aceitar e perceber o que acontece de uma maneira diferente. Além do cosmos, do tempo, do espaço, de tudo o que se move e muda, existe a realidade substancial, a verdade fundamental, isto é, o ser real. Nada permanece, tudo muda e evolui; por isso, é hora de lembrar e se conectar com esse poder que todos nós temos. Esse é o motivo pelo qual você deve soltar e confiar, saber que não está sozinho e que, se pedir a ajuda necessária, ela sempre virá.

Nas páginas deste livro, **reuni respostas para muitas das perguntas recorrentes que recebo**. E tenho certeza de que, ao ler essas perguntas, você se conectará com sua própria inspiração e receberá as respostas e mensagens que está procurando.

Chegou a hora de deixar de lado os medos e de se lembrar desse poder que há em você. Chegou a hora de despertar e de poder contribuir neste momento tão importante de ascensão com os seus talentos e dons naturais. Perceba que você é uma alma encarnada muito poderosa que escolheu vir à Terra com um propósito e que tem algo importante para dar. Sim, você pode fazer uma diferença no mundo.

Convido você a se lembrar dos talentos inatos que tem... do seu propósito.
O que você faria para mudar o mundo?

Escreva aqui:

_____
_____
_____
_____
_____
_____
_____

MABEL KATZ

100 PERGUNTAS SOBRE O HO'OPONOPONO

CAPÍTULO I

Soltar e confiar

Para poder atrair mais milagres para a sua vida, é importante que você se liberte das crenças limitantes.

Solte, deixe fluir, confie e agradeça pelo que você tem, em vez de se concentrar no que você acha que te falta.

Juntos vamos descobrir as respostas para as suas perguntas.

*Como deixar o passado de lado?
Como mudar as coisas das quais não gostamos?
Como apagar memórias ou recordações
que nos fazem mal?*

Em algum momento, todos nós nos fazemos essas perguntas, e a resposta é simples e muito importante: decida mudar agora, não espere pelo Ano Novo ou pela próxima semana para mudar. Sempre há uma oportunidade para nos transformar. A hora é agora. Cada respiração é uma nova oportunidade, cada manhã é um novo começo. Não pense no passado como algo que vai se repetir como um ciclo sem fim. Tudo depende das escolhas e das decisões que você toma em cada momento.

Saiba que Deus pode apagar as memórias que estão armazenadas no seu subconsciente somente se você soltar e der permissão para isso. Essa é a única forma de parar de repetir o que não está funcionando. Essas memórias são as que continuam escolhendo por você tendo como base o que você viveu e as decisões equivocadas que controlam a sua vida sem você perceber.

A única maneira de recomeçar ou de mudar o seu futuro é abandonando o passado, deixando de lado aquelas memórias antigas, inclusive as ancestrais, que continuam se repetindo, para assim começar a atrair coisas diferentes. Cada amanhecer é um novo começo e cada memória transmutada significa novas oportunidades.

Isso quer dizer que hoje você pode escolher assumir a responsabilidade, fazer o seu melhor para soltar, escolher entregar seus problemas a Deus (aquela parte de você que sabe melhor o que deve ser feito) e dar permissão para que ele transmute e corrija essas memórias (a maioria delas de outras vidas ou dos nossos antepassados) para poder agir mais a partir da inspiração e, assim, transformar a sua vida.

É preciso fazer disso uma prática, até que se torne parte da sua vida. Nayada, dos Estados Unidos, uma vez me perguntou como poderia soltar e confiar. Expliquei assim: é como um exercício, como ir à academia; você tem que soltar e confiar, de forma inconsciente, como a respiração, já que as memórias tocam você o tempo todo. Deseje que o soltar se torne um hábito e uma parte natural de sua vida, deixe fluir.

Eu consegui fazer isso e realmente mudou a minha vida. Quando percebi que era totalmente responsável por tudo o que me acontecia, me senti livre pela primeira vez na vida. Não dependia mais de ninguém nem de nada fora de mim. Foi uma das coisas que mais me deram paz.

Desde pequena, sempre fui muito independente, mas, quando cresci, saber que tudo dependia de mim foi como uma libertação. Ao assumir a responsabilidade, sei que tudo depende das minhas decisões. Para mim, o soltar é um novo começo: é caminhar para o vazio (para o ponto zero), onde tudo pode acontecer, onde há infinitas possibilidades.

Se quero uma nova vida, tenho que parar de viver no passado, tenho de perdoar e deixar essa bagagem pesada que carrego. Não importa qual ferramenta você usa ou qual mecanismo funciona para você; o segredo é desapegar do passado e viver mais o presente.

> *Gostaria de esclarecer aqui alguns termos. Por exemplo, perdoar não é esquecer, nem assumir responsabilidade é sinônimo de culpa. Do mesmo jeito, soltar não significa resignar-se, nem Deus é um ser que está fora de nós.*

Descobri também que, por meio da prática e da ajuda do Ho'oponopono, eu não tinha que me preocupar com todas as coisas que me preocupavam antes. Uau! Dá para imaginar? A partir disso, minha única preocupação passou a ser me questionar: estou soltando? Estou permitindo que Deus me ajude? Compartilho isso aqui porque funciona e porque, se você praticar o Ho'oponopono, você também pode encontrar a paz e a felicidade que está buscando, assim como eu. Realmente funciona! Quando você solta, em vez de se preocupar, as coisas começam a se resolver de formas que você nunca tinha pensado que seriam possíveis.

E sim, deixe-me dizer que às vezes fico presa, assim como todo mundo. Estou aprendendo, como você, mas sempre que consigo, solto de novo e tento fazer isso o mais rápido possível. Por exemplo, quando surge um problema, se soltamos e entregamos a Deus, ele sabe que tem nossa permissão para intervir e pode nos inspirar com a solução perfeita.

Algo também importante e que mudou a minha vida foi saber que não estou sozinha, que, se eu permitir, Deus sempre estará aqui, para me apoiar no meu caminho.

Confiar vem com prática, prática e mais prática. Você pode repetir mentalmente "Solto e confio". É o mesmo que apagar algo da memória do computador. Se você quiser resultados diferentes, precisa mudar as respostas e as reações ao problema. Pare de falar com o computador esperando que ele mude sozinho.

Lembro uma frase sábia muitas vezes atribuída a Albert Einstein: "Loucura é continuar fazendo a mesma coisa e esperar resultados diferentes".

Como saber quando devemos agir e quando não devemos? Como soltar e confiar, mas sem cair na passividade?

Muitas vezes há pessoas que ficam confusas e me perguntam: "Bem, Mabel, então o que eu faço? Fico em casa agradecendo repetidamente? Como faço para tomar decisões?".

Às vezes pode ser que a própria inspiração nos faça ficar em casa, porque, se saíssemos, poderíamos sofrer um acidente, ou porque assim evitamos encontrar alguém que nos causaria um problema. Nada é uma casualidade ou um acidente. Você pode escolher confiar em sua própria inspiração e tomar decisões prestando mais atenção em como se sente e não no que você "pensa" que é o certo.

Uma vez, em uma conversa, uma senhora me perguntou se seria correto mudar de país. Era algo que a fazia se sentir bem e ela sabia que era o melhor para ela e os filhos, mas ao mesmo tempo tinha muito medo. Minha resposta foi: "Se isso faz bem a você, faça, siga sua inspiração. Permita que Deus a guie e inspire. Preste atenção aos sinais".

Estou sempre agindo, decidindo, mas também, sempre que me percebo consciente, me purifico para permitir que Deus me guie. É importante conseguir se manter presente, não se preocupar, poder deixar tudo nas mãos de Deus e saber que é sempre melhor caminhar de mãos dadas com ele.

Muitas vezes você pode fazer coisas porque lhe fizeram bem, e você vai achar que elas são as certas e perfeitas, mas pode ser que o critiquem ou pensem que você está louco; por isso, é muito importante confiar em si mesmo e ter fé.

Quero dizer que, mesmo que as coisas sejam certas e perfeitas, ou que venham da inspiração, não significa que serão fáceis ou que não trarão nenhum problema. Sempre há oportunidades para corrigir erros, pagar dívidas antigas e se libertar.

A inspiração vai te levar a um lugar onde você poderá aprender e crescer. Ela pode vir até você como um pensamento, uma voz ou um sinal. É muito pessoal e diferente para cada um de nós.

Por exemplo, quando respondo o que me perguntam, não estou pensando, estou deixando fluir. E é isso o que precisa ser trabalhado. Pare de pensar tanto, comece a agir sem pensar, não planeje ou não planeje muito, seja um pouco mais espontâneo, volte a ser criança novamente, e **confie muito** em si mesmo.

Depois você vai olhar para trás e perceber que isso certamente te serviu de inspiração. Vai dizer "Uau!". Provavelmente, no momento, você não vai se dar conta disso. Não vai poder ficar pensando ou analisando. Se parar para pensar, analisar ou duvidar, você perde a oportunidade!

Se você deixa a inspiração fluir, no momento em que começa a se perguntar, questionar ou duvidar, acaba parando ou travando essa inspiração. As perguntas e dúvidas também são memórias, e você pode desapegar delas para transformá-las e, assim, trazer ainda mais inspiração.

Você não precisa saber as coisas. Assim, esta é a ideia: solte, apague essa pergunta, e as coisas passam a fluir. Muitos começam a ver, a ouvir ou a reconhecer sinais. O importante é que, quando isso começar a acontecer, você confie nos sinais e não os desconsidere.

Deus vai encontrar uma forma de se comunicar com cada um de nós e vai ser diferente para todos, porque somos únicos. Você tem que confiar em si mesmo. Para mim, começar a confiar foi praticar a minha própria confiança. Assim percebi que tenho algo semelhante a uma varinha mágica que só funciona quando solto; caso contrário, não funciona. Um dia eu disse a mim mesma: "Parece que não estou só e que não estou fazendo isso sozinha".

O que é que nos impede de soltar e confiar?

Estamos todos estagnados, algumas vezes mais do que outras. Isso acontece com todos nós. Talvez o que precisemos seja de um lembrete para perceber que o que "esperamos" é o que lhe diz essa parte sua que não sabe do que "precisa" ou do que "falta" para ser feliz.

Quando você se dá conta, só precisa soltar e dizer "Obrigado" ou "Te amo", ou "Obrigado, mas eu não compro isso". Você pode ter muitas expectativas, mas é importante perceber que é essa parte nossa falando e que só nós podemos pará-la. É uma decisão, e pode ser que essa parte volte a aparecer, mas não se deve lhe dar poder, muito menos ceder o controle a ela.

No fundo, sempre há expectativas. Todos nós as temos. É preciso desapegar delas e não permitir que o afetem nem o tirem do momento presente.

Uma vez, compartilharam comigo um vídeo sobre expectativas. Transcrevo o vídeo a seguir:

Um dia, um homem veio ver Deus:

— Querido Deus, posso fazer uma pergunta?

— Claro, meu filho.

— Por que você deixou tanta coisa acontecer comigo hoje?

— A que você se refere?

— Bem, primeiro, acordei tarde e tive que correr para chegar ao trabalho. Depois, meu carro demorou para ligar.

— Bem... — disse Deus com calma.

— No almoço, prepararam errado os sanduíches que eu pedi e tive que esperar muito tempo. No caminho de casa, acabou a bateria do meu telefone na mesma hora em que recebi uma ligação.

— Verdade — respondeu Deus, e sorriu.

— Além de tudo isso, quando cheguei em casa, eu só queria colocar meus pés no meu novo massageador e relaxar... Mas ele não funcionava! Nada deu certo hoje! Por que você fez isso?

Deus esperou o homem terminar de falar e, em seguida, com um sorriso, disse:

— Deixe-me ver. O anjo da morte esteve na sua cama esta manhã. Tive que enviar um dos meus anjos para lutar contra ele por sua vida. Deixei você dormir enquanto isso acontecia. Não deixei seu carro ligar porque havia um motorista bêbado em seu caminho. Ele teria batido em você se estivesse na rua. A primeira pessoa que fez seu sanduíche hoje estava doente. Eu não queria que você pegasse a doença. Eu sabia que você não podia perder o trabalho. Acabou a bateria do seu telefone porque a pessoa que estava ligando ia mentir para você na ligação. Nem deixei você falar com ela para que saísses ileso. E esse massageador de pés tinha um curto-circuito que iria queimar a luz da sua casa esta noite. Pensei que você não gostaria de ficar no escuro.

— Desculpe, Deus — disse o homem enquanto as lágrimas escorriam pelas bochechas.

— Não se desculpe, meu filho. Aprenda a confiar em mim... em todas as coisas, no bem e no mal. E não duvide de que o meu plano para o seu dia é sempre melhor do que o seu.

É importante lembrar que nesse momento você não sabe o que é certo e perfeito.

Quando você perceber que a voz começa a te contar histórias, você só tem que soltar e dizer: "Obrigado. Te amo". Não compre expectativas. Ao ganhar consciência, você pode observá-las, saber que não são você e não dar poder ou controle a elas.

Sei que é difícil não se envolver com elas, e continuo insistindo que você não deve se decepcionar se as coisas não correrem como você esperava, e que, mesmo que possam acontecer coisas não tão agradáveis ou dolorosas, você deve soltar para estar em paz, não importa o que aconteça. Lembre-se de que o que você deve fazer é apenas dar permissão a Deus para agir. Ele é o único que pode corrigir; que te ajuda a encontrar as soluções, a perceber as coisas de forma diferente e a recuperar seu poder ao permitir que ele guie a sua vida.

E sim, é verdade que às vezes acontecem coisas ruins, mas você não precisa se ver ou ver os outros como vítimas, porque não há saída por esse caminho. Desse jeito você não vai entender ou encontrar a solução que está buscando. O melhor é se concentrar em tudo o que você tem e que funciona. Reconsidere que seus sentidos são um presente verdadeiro e maravilhoso, como o fato de você ter duas pernas para andar e ser independente. Mesmo quando seus membros falharem, você tem vida, inteligência, coração e esperança, que são coisas que comprovadamente te ajudam a voar.

O importante é refletir que há coisas que você *take for granted* — como dizem em inglês —, isto é, como algo que é garantido. Quantos são gratos por terem dois olhos, duas pernas e dois braços? Nunca reparamos nisso, nunca lhes damos importância nem pensamos no valor deles.

Agora, se você de repente quebrar uma perna, pode ser porque você não ouviu e não tirou tempo para parar. Se isso ocorreu alguma vez com você, lembre que aconteceu porque algo pior estava por vir, e, acima de tudo, se você está praticando o **Ho'oponopono**, diga sempre "Obrigado", não por resignação, mas sim por aceitar que estão vindo lições para aprender e é preciso recebê-las. As pessoas pensam que o que acontece com elas é algo ruim e se questionam: "Por que isso aconteceu comigo?"; no entanto, não percebem que o que aconteceu está ajudando no crescimento delas, e quando crescemos, nos tornamos seres humanos melhores. Além disso, nunca vamos saber o que evitamos naquele momento, ou seja, o que realmente poderia ter acontecido. Da mesma forma, você não precisa se apegar àquilo que tanto te interessa ou que quer ter. Se for uma conquista que você almeja ou algo material, você também tem que desapegar, deixar nas mãos de Deus e dizer: "Você sabe o que é o certo e o perfeito, eu solto". Apagamos as expectativas, entregamo-las e sabemos que, se elas não vêm, é porque algo melhor está por vir.

Nesses momentos, também é muito importante abrir a mente para todas as possibilidades, porque nunca se sabe de onde a solução pode vir. Você pode se surpreender.

Para soltar, você precisa parar de pensar sobre o assunto. Se não soltar, de alguma forma, você não está permitindo que algo aconteça. Lembre-se de que você tem livre-arbítrio, mas, se você o retiver, não permite que Deus aja.

Não fique perguntando como se estivesse de fora ou se comparando, porque isso não é a escola. Deus (o Universo) está te observando, e quanto mais você confiar nele, mais formas ele buscará de se comunicar com você com clareza. Ele te conhece melhor do que ninguém. Você precisa confiar.

Também devemos saber que todos nós, em algum momento, temos dúvidas. Mas o que fazer em situações de dúvidas e inseguranças? O importante é que você não fique preso ou com perguntas para tentar entender e saber por que isso ou aquilo acontece. Em vez disso, solte e abra espaço para receber a inspiração; essa é uma maneira diferente de ver as situações na sua vida.

A paz está fora da nossa zona de conforto, e muitas vezes a boicotamos. Isso é importante! Você deve estar alerta o tempo todo para, assim, poder tomar as melhores decisões. Quando essas memórias aparecerem, diga: "Obrigado, mas eu não compro".

O importante é ter paciência, continuar soltando e confiar na própria inspiração. Comunique-se com Deus do jeito que ele nasce em você: cantando, conversando, chorando, implorando; porque, se essa maneira funcionar para você, continue e assim você conseguirá que sua mente pare de estar cheia de ruído e medo.

Em Madri, um dia me perguntaram: "Isso para em algum momento?". Expliquei que nunca vai parar, porque se trata de aprender a viver com isso e começar a fazer escolhas e tomar decisões diferentes. Aí está o aprendizado. A quem decidimos dar o poder? A quem vamos dar o controle? Claro que não vamos dar poder e controle para dúvidas ou medos, porque isso nos levaria a um círculo vicioso sem resultados até encontrarmos as respostas certas ao confiar e soltar e ao encontrarmos Deus.

Isso foi o que me levou a confiar mais em Deus e ver resultados maiores. Não há como errar nisso. Devemos sempre fazer o que funciona para nós e confiar na nossa própria inspiração. A chave é parar de ouvir os outros e se conectar mais com o seu coração.

Me emociona e fico muito feliz em poder compartilhar isso e trazer uma ferramenta que funciona para que você possa ficar um pouco mais em paz na sua vida; porque, de verdade, o caminho pode ser difícil, mas sempre tenha certeza de que existe um caminho mais fácil.

CAPÍTULO 2

Em busca dos nossos dons naturais e o encontro da nossa missão e do nosso caminho espiritual

*Quando você faz o que ama,
você se sente feliz e
todo o resto vem junto.*

Como descobrir nossa paixão, nossa missão e nosso caminho espiritual?

Diante deste questionamento, eu sempre faço a pergunta que tem sido mágica para mim: o que você faria, mesmo se você não recebesse nada por isso?

Para respondê-la, você nunca deve pensar muito sobre a pergunta ou se preocupar com o que dizer, mas sim senti-la. Você sentirá a resposta. Alguma coisa vai acontecer e você vai sentir, porque há uma parte de você que sabe a resposta.

Não se surpreenda se a resposta que surgir for ridícula e não fizer sentido, nem se não houver resposta; você tem que continuar soltando e confiando para que a descubra no momento perfeito e certo. Tenha paciência. Definitivamente, quando tomamos a decisão de querer saber algo, o Universo se encarrega disso; mas, quando queremos encontrar esse caminho, além de soltar e entregar, temos que abrir nossa mente e ficar alertas para quando a resposta chegar.

Você pode conversar com Deus de forma natural e dizer: "Deus, estou aqui, gostaria de saber qual é o meu propósito, o que eu vim fazer na Terra". Garanto que você vai se encantar com a sua missão e que poderia fazê-la de graça.

O mais importante é se sentir bem consigo mesmo, se aceitar, ser grato pelo que tem e viver no presente. Você precisa confiar, deixar-se guiar e ter paciência. Como já compartilhei, não deixei imediatamente minha carreira como contadora; demorou vários anos para que isso acontecesse. Isso mesmo, você tem que se deixar guiar para que, ao olhar para trás, perceba que tudo foi perfeito e correto. Eu sequer tinha imaginado deixar minha profissão como especialista em tributos nos Estados Unidos.

Encontrar a paixão não é virar a esquina e pronto. Você deve prestar atenção. Sério, eu não tinha a intenção de mudar de profissão, estava feliz, ia muito bem no trabalho, não havia um motivo para mudar minha atividade profissional. Mas fui me tornando um pouco mais consciente, um pouco mais aberta e flexível. Deixei-me levar, confiei, e as coisas foram acontecendo sozinhas. Da minha parte, não havia nada racionalmente planejado.

As coisas não acontecem por acaso, por isso não se trata de ter que saber do que você precisa, mas de se deixar guiar. Imagine que foi em 1997 que fiz meu primeiro seminário de Ho'oponopono! Qualquer um poderia acreditar que naquele momento eu disse "Eureca, encontrei minha missão!". Mas não foi assim, eu nem sequer a estava procurando, achava que minha vida profissional estava dando certo. Eu só estava buscando mais paz e felicidade na minha vida pessoal.

Foi só depois de vários anos que entendi que este era o meu propósito. Nunca tinha passado pela minha cabeça que um dia eu ensinaria algo. Deixei minha profissão apenas em 2008, e você poderia se perguntar por que tanto tempo depois. Mas, ao olhar para trás, percebemos que tudo acontece de forma perfeita e certa, que foram anos de preparação para o que estava por vir.

Aliás, a minha relação com o Ho'oponopono começou como um trabalho de crescimento pessoal. Logo comecei a promover e organizar os seminários do meu mestre, o dr. Ihaleakalá, e era algo totalmente relacionado à minha vida pessoal. Sim, eu comecei a praticar o Ho'oponopono como contadora e percebi que realmente funcionava muito bem para mim nessa área. Foi uma das coisas que me ajudaram a confiar e a acreditar mais em tudo isso.

Mais tarde, comecei a lecionar com o dr. Ihaleakalá, e quando percebi, já estava ensinando sozinha. Mas isso era sempre de forma pessoal, nos finais de semana. Ensinar era a minha praia.

Também é importante saber que muitas vezes começamos a ensinar de forma gratuita, e fazemos isso em paralelo com outras atividades, pois o Universo se encarrega de abrir as portas e o caminho.

Agora, preste atenção! Por favor, anote: se você faz as coisas de graça, quero que você se permita cobrar. É importante que haja uma troca de energia. Perguntam-me: "Mas, Mabel, como posso ajudá-los?". Se você quer ajudar, deve cobrar, senão o outro não vai receber. Todos nós descartamos o que não valorizamos, o que não nos custa nada.

Às vezes queremos ver resultados imediatamente, mas Deus sabe quais são os tempos certos e perfeitos para nós; devemos aprender a ter um pouco de paciência e buscar dentro de nós mesmos, porque lá estão as respostas.

Fique atento. Não tenha medo de ficar sozinho ou em silêncio. Seja o observador. Lembre-se de que você nunca está realmente sozinho. Fale com Deus. Ele está sempre aí para te dar a mão e te escutar. Saber que ele te acompanha também é muito importante, porque isso, por si só, te dará muita paz. Pare de pensar e se preocupar, solte e confie, que tudo o que é certo e perfeito para você chegará sem esforço.

"Mabel, mas o que posso fazer para ficar em paz e feliz?" Boa pergunta! O mais importante é encontrar a paz, poder estar feliz, e isso é nada mais, nada menos que uma decisão. Quando você consegue encontrar essa paz e essa felicidade interior, tudo começa a mudar e se abrir. Novas oportunidades aparecerão em sua vida e coisas começarão a acontecer com você sem que consiga explicar como aconteceram. Esta é um pouco a ideia: primeiro, encontrar-se, para que você possa estar em paz, sentir-se bem em sua própria pele, sentir-se livre e feliz.

Se você quer encontrar seus talentos, solte, confie e se conecte com o seu coração, com as coisas que são fáceis para você, com aquelas que não envolvem nenhum esforço, que você gosta de fazer e que te dão satisfação. O mais importante é se entregar e permitir que o Universo mostre seus caminhos e te guie. Lembre-se de que você tem livre-arbítrio. Não pense nem se preocupe. Enquanto estiver fazendo isso, já terá um propósito, já estará fazendo algo muito importante, porque apagar as memórias do subconsciente que atrapalham a nossa vida é uma das coisas mais importantes que todos nós viemos fazer.

É assim. Nosso principal objetivo é apagar e corrigir erros, e é o que queremos fazer para poder chegar a viver mais em paz e ver como as coisas vão acontecendo, sem esforço e sem tanta pressão. Queremos fluir com a vida de acordo com um propósito.

Algumas pessoas podem ter vindo desta vez com a missão de se reencontrar com elas mesmas. Podem ter vindo para fazer a diferença na vida de seus parentes, de sua comunidade, ou talvez apenas para dar à luz uma alma muito importante que virá para trazer grandes mudanças ao planeta, para pagar uma dívida. Não se sobrecarregue pensando que você deve encontrar uma missão que o torne famoso no mundo. E, por favor, sempre que você tiver uma conquista, não importa quão pequena você a considere, comemore-a e valorize-a.

A pergunta que muitos me fazem é: o que fazer com os objetivos que estabelecemos? Bem, se você chegar a estabelecer metas, não se apegue a elas, porque você estará vivendo no futuro se estiver apenas atento a elas. Por outro lado, ao mesmo tempo, pode ser que outras portas ou caminhos estejam se abrindo, e você não os reconhecerá se estiver preso e fechado naquilo que acredita que seja o caminho certo para você. Além disso, pode não ser tão ruim deixar de lado seus objetivos para se deixar guiar e permitir que a coisa certa e perfeita para você aconteça em sua vida como se fosse por magia.

Você tem que ser a sua prioridade, tem que fazer o que funciona para você. Estar em paz e ser feliz. Não se preocupar, porque tudo o que for para você vai chegar até você. Devemos ter calma, ser pacientes e tratar-nos bem. Você deve praticar muito escutar mais o coração para, assim, identificar as coisas que ele te diz. É importante começar a prestar um pouco mais de atenção ao corpo, que é sábio e inteligente, e perguntar a ele: "Como se sente? Está bem?". Observe sua reação.

No Monte Shasta aprendemos a técnica de usar o corpo como um pêndulo. Faz-se a pergunta, e se, por exemplo, o corpo for para a frente, isso significa "sim". É algo chamado *muscle testing* ou "teste muscular". Há também aqueles que usam os dedos. Se, ao perguntar, os dedos se abrirem, significa "não". Como pode ver, em caso de dúvidas, você tem muitas ferramentas dentro do seu corpo.

Não uso essas técnicas, mas com certeza sei que o corpo tem uma inteligência. É algo que aprendi quando estive no Ashram de Osho, na Índia, onde, por meio de técnicas de meditação muito interessantes, pude comprovar que o corpo é realmente inteligente. Algumas técnicas incluíam dança. Por exemplo, faziam o nosso corpo começar a tremer e se mexer. Bem, te digo que meu corpo começou a se mexer de uma maneira que me fez me perguntar se eu estava forçando que aquilo acontecesse. Quando parou, tentei mexê-lo novamente do mesmo jeito e não consegui. Isso me mostrou que o corpo também pode se curar sozinho, porque tem esse tipo de inteligência. Nós nunca o escutamos, porque prestamos mais atenção à nossa mente e às nossas histórias em vez de nos deixarmos guiar e fluir.

Aprendi a prestar mais atenção no meu corpo, especialmente no meu coração. Agora faço as coisas porque me sinto bem, não porque alguém me disse que era o que tinha de ser feito. Aprendi a parar a mente com o meu "solto e confio" e a deixar-me guiar, a não pensar nem me preocupar tanto. E a verdade é que foi isso que me permitiu encontrar a minha missão na vida (sem realmente buscá-la) e fazer coisas com as quais nunca sonhei, que nunca teriam me ocorrido e que nem sequer aprendi na escola ou na faculdade.

Então, preste mais atenção no seu corpo: como ele se sente, se ele reflete algo ou não. Não busque aprovação externa, não preste atenção no que os outros acham que você deveria estar fazendo ou no que esperam de você.

Se você confiar em si mesmo e seguir o que seu coração diz, não se perderá, e a própria vida te mostrará o caminho.

Como ativar o poder da atração?

Você atrai aquilo em que pensa, e se você tem ciência do poder dos seus pensamentos, perceberá a importância de trabalhar neles, especialmente naqueles que podem estar em um nível subconsciente, que você não conhece e que podem estar jogando você contra o que realmente quer atrair.

Você é como um bumerangue. Tenha cuidado com o que faz ou diz, porque tudo volta. Muitas vezes você pensa coisas como "Em nenhum trabalho eu me sinto bem, eu tenho azar, todo mundo se aproveita de mim". Você é tão poderoso que está sempre certo, e, se você pensa assim, é isso que você vai atrair. Aí está o poder de atração e manifestação que todos nós temos em nossas vidas.

Lembro a você mais uma vez que muitos desses pensamentos podem estar no nível subconsciente e você nem sequer sabe deles. Por isso é importante fazer o Ho'oponopono o tempo todo, porque esses pensamentos ocorrem vinte e quatro horas por dia.

Se você alguma vez se escutar repetindo alguma dessas frases, não se prenda a elas e apenas repita mentalmente: "Obrigado, mas eu não compro, apenas obrigado" ou "Eu te amo" e solte.

Você tem que soltar e confiar. O Universo está sempre aí, sempre para te apoiar, te guiar e trazer o que é certo e perfeito para você. Geralmente, é algo que está muito próximo, mas que você não vê ou não pode identificar porque não está aberto a todas as possibilidades.

Enquanto isso, também não se esqueça de agradecer pelo que você tem. Karla, do México, me disse: "Eu sei que devo ser grata por tudo o que tenho, mas e se eu não gostar do meu trabalho?". Mesmo que você não goste do trabalho em que está, seja grato. Pense em todas as coisas pelas quais você pode ser grato, como ter um emprego. É uma forma de mudar a sua energia e dar permissão ao Universo. Se você não está no lugar certo, não se preocupe, algo vai acontecer e outras portas melhores vão se abrir para você. Às vezes é preciso fechar certas portas para que outras possam se abrir. Solte e confie.

Abra-se e comece a prestar mais atenção no que está à sua frente. Você vai se surpreender. Talvez o que você está buscando esteja bem perto de você. Por isso, encoraje-se a sair da sua zona de conforto e a sentir os medos e decida fazer isso.

"Mabel, como posso atrair a coisa certa para a minha vida?" A melhor forma de atrair o que é certo e perfeito para você é entregando a sua vida a Deus e deixando-se guiar. Essa é uma maneira fácil de fazer isso. Você deve parar de ser um obstáculo na sua própria vida. Você pode repetir mentalmente: "Eu seguro na mão de Deus"; e assim sempre viver no presente, no agora. Quanto menos planos você tiver, melhor. Lembro-me de que toda vez que eu fazia planos e os compartilhava com o dr. Ihaleakalá, ele me dizia que todo o Universo estava rindo. Certamente você já ouviu o ditado: "O homem propõe, mas Deus dispõe". É melhor viver no momento presente e tomar decisões de forma espontânea à medida que elas surgem em nosso caminho.

Devemos parar de reclamar e saber que tudo o que nos acontece é para o nosso bem. Que todas as situações são oportunidades para corrigir, apagar e assim poder crescer e aprender. Tudo é um passo para a nossa liberdade. É por isso que você deve agradecer por aquilo de que gosta e por aquilo de que não gosta. As adversidades fazem de você uma pessoa mais forte e melhor.

Deus nunca te coloca coisas ou provas com as quais você não possa lidar. Então, orgulhe-se por Deus ter tanta consideração por você. Contudo, lembre-se de que você sempre terá desafios, porque a vida é assim. Você está na escola? Quer se formar? Sim? Esta é a sua chance!

Coisas acontecem com todos nós. Se um problema desaparece, nem me lembro dele; agora, o problema que tenho diante de mim é outro. Portanto, saiba que sempre haverá algo acontecendo, mas que está em você mesmo observar e soltar, não ficar preso àquilo, não se identificar com os problemas e lembrar que o problema não é o problema… Você percebeu que toda vez que há um problema você está diante dele? Isso significa que há algo dentro de você que não o torna culpado, mas sim responsável, e que, como está em você, você pode mudá-lo, sem depender de nada nem de ninguém externo.

Por outro lado, você não é essas memórias de problemas econômicos, de escassez, nem esses conflitos nos relacionamentos da sua vida; apenas há algo em você que as atrai. Da mesma forma, também há algo em você que pode mudá-las se você estiver disposto a soltar e permitir que elas sejam apagadas do seu subconsciente. O que é apagado em você é apagado nos outros, porque são memórias em comum e que aparecem na sua vida para te dar a possibilidade de apagar e se libertar.

O Ho'oponopono certamente te leva ao ponto zero, ao vazio, onde estão todas as respostas e todas as soluções. Ele nos ajuda a estar presentes e a viver momento a momento, a não nos preocuparmos com o futuro nem ficarmos presos no passado. Tudo o que precisamos fazer é dar permissão a Deus para que se transmute em nós, para que nos inspire e nos guie. Nós fazemos a nossa parte (soltamos) e Deus faz a parte dele (cuida).

É importante ter paciência, porque não sabemos o que é certo ou qual é o momento perfeito para nós. Aí vem a parte de confiar, sabendo que você não está sozinho e que Deus está cuidando de tudo se você permitir. Quando essa parte sua se intrometer e questionar – "Acho que isso não está dando certo" –, diga também "Obrigado" e continue soltando e confiando.

Você não tem que fazer muita coisa, a vida vai te levando. "Mas, Mabel, qual é o meu papel nisso tudo?" Você só tem que se deixar levar, tem que se deixar guiar.

Como eu dizia antes, você certamente tem talentos e dons especiais e está aqui para algo importante. Deixe que o Universo revele cada um deles a você. Deus já sabe o que você está buscando. Não tente empurrar ou forçar, tudo chega no momento certo e perfeito. Solte e confie, e prepare-se para ser surpreendido.

CAPÍTULO 3

Recuperando o controle e o poder da nossa vida

Você será uma vítima pelo resto da vida se continuar agindo como tal e não perceber que tem dentro de si tudo de que precisa para mudar sua vida.

Como nos adaptar às mudanças e não perder o rumo?

Deus sempre te dá oportunidades. A questão é se você vai ficar preso à história, se vai tentar entendê-la, se vai fazer perguntas que não têm respostas ou se, em vez de tudo isso, vai soltar e se deixar ser guiado.

Ho'oponopono é assumir o seguinte discurso: "Sinto muito, perdoe-me pelo que há em mim que está atraindo isso". Isso não significa que você seja culpado, não faz de você uma pessoa ruim nem um pecador. No entanto, é só quando você assume a responsabilidade por tudo o que faz que realmente consegue realizar mudanças.

Observe como se estivesse assistindo a um filme. Lembre-se de que o filme nunca está na tela, mas sim no projetor. A vida é a tela onde são projetadas as memórias que estão no nosso subconsciente.

Você toma decisões o tempo todo, e elas trazem consequências. Sem perceber, você pode pegar essas memórias que acumulou no subconsciente (lembre-se de que as memórias escolhem por você) ou pode considerá-las segundo a sua inspiração de forma consciente (novas informações).

Se você realmente quiser fazer a diferença no mundo e quiser ajudar, você tem que soltar, tem que dar permissão a Deus para te corrigir e te inspirar em vez de tentar fazer tudo sozinho, pensando que sabe tudo.

MABEL KATZ

O mundo mudou muito. Não tente entender o que está acontecendo, não perca seu tempo se perguntando como você vai consertá-lo ou quando fará isso. Limite-se a apagar o que está no seu subconsciente criando tudo isso. Não perca a oportunidade de poder mudar o seu subconsciente e fazer a diferença para você e para o mundo. Lembre-se de que a limpeza do Ho'oponopono dá retorno; é como depositar dinheiro em um banco espiritual que paga juros muito bons.

Como o que é apagado em nós também é apagado nos outros, especialmente na sua família, em seus parentes e antepassados, você nunca saberá quantas vidas pode ter salvado, porque temos memórias em comum. É por esse motivo que, ao fazer isso, você se mantém no caminho certo, se beneficia e também ajuda os outros. Como eu te disse, tudo volta. Alguém se encarrega disso. Não se preocupe!

Se você soltar e confiar, nunca te faltará aquilo de que precisa e você sempre será cuidado, guiado e protegido. Não se prenda às preocupações ou aos medos.

É verdade que os problemas podem estar aí, talvez não tenham sido resolvidos ou o medo não tenha desaparecido. Porém, você deve seguir adiante, continuar soltando e confiando, sem se deixar distrair. O essencial é você perceber que isso não acontece só com você, acontece com todos.

O caminho pode ficar um pouco mais difícil, mas não precisa ser assim para você, porque você anda de mãos dadas com Deus.

Você não está sozinho. Deixe de lado essas dúvidas, esses medos, esse tentar entender. Continue sempre olhando para a frente com esse "solto e confio", para voltar ao presente e seguir em frente.

Também te convido a assistir de forma gratuita ao meu curso Ho'oponopono Básico (em espanhol), no qual você também pode aprender sobre o copo de água que usamos para soltar e ficar em paz, não importa o que esteja acontecendo ao nosso redor. Há pessoas que até relataram que ajuda muito escrever o problema no meu aplicativo Ho'oponopono, que pode ser baixado no celular.

curso grátis

app para celular

Como assumir 100% da responsabilidade?

Eu sei que pode ser difícil aceitar que você é 100% responsável pelo que atrai na sua vida, mas você não só realmente é como isso é também uma boa notícia, pois te liberta e te torna independente.

Quando alguém nos conta um problema, o problema está em nós. Quando um paciente conta o que sente para o seu médico, o problema está no médico; o problema está no professor, não no aluno etc.

Sei que esse é um conceito difícil para a mente entender, mas as pessoas não vêm até você ou aparecem em sua vida porque você é culpado, elas vêm para te dar outra oportunidade, a oportunidade de apagar, e o que é apagado em você também é apagado nelas.

Ao se dar conta disso, você começa a não levar as coisas para o lado pessoal; ao contrário, passa a soltá-las e entregá-las ao Divino.

Agradecer pela oportunidade, seja falando baixo ou em silêncio, mesmo que você não se sinta grato, é uma maneira de soltar e não se prender. Dessa forma, as coisas acontecem mais rápido e as recompensas vêm mais cedo. Muitas vezes você não tem ideia das possibilidades de como Deus pode ter formas de resolver seus problemas, isto é, soluções que nunca teriam ocorrido a você. Entenda que não são os outros que se aproveitam ou abusam, é você quem permite e atrai isso. Portanto, deixe que Deus acomode tudo, deixe que ele o guie e, como sempre, tenha paciência, porque talvez a solução não aconteça do dia para a noite... Mas vai acontecer.

Muitos me perguntam se, ao assumir 100% de responsabilidade, podem estabelecer limites ou não, e sim, é claro, não vou deixar que abusem de mim porque sou 100% responsável. Claro que posso pôr limites e não aceitar certas coisas ou pessoas na minha vida. Claro, não há problema em dizer "Você pode ir até aqui", "Isso não funciona para mim" ou "Chega". Claro que posso sair de um relacionamento abusivo porque me amo e me respeito, e vou impor limites, mas sendo 100% responsável e consequente. Sou responsável, eu atraí, não vou me culpar e vou trabalhar isso em mim para não ficar repetindo o mesmo padrão em outras situações ou relacionamentos.

É você que tem que definir os limites. Se você não se respeitar, ninguém o fará. Você pode fazer a limpeza com as pessoas à distância mesmo. Mais uma vez, é importante se lembrar de assumir a responsabilidade, saber que você está atraindo algo, mas isso não significa que você deve ficar nesse lugar.

Ao assumir 100% da responsabilidade, também temos que deixar de lado o que se complica, o que não sai como esperávamos. Continue soltando e confiando, aceitando e sabendo, em seu coração, que Deus sabe o que é melhor e que existe uma ordem divina.

Solte o que te faz infeliz. Não resista. Mostre a outra face, a face do amor. Sempre se coloque em primeiro lugar e cuide de si mesmo.

Definitivamente, você deve deixar de querer ter a razão, o controle ou o poder sobre tudo. Melhor escolher ser feliz, certo? Talvez você não tenha percebido isso e haja uma razão pela qual você permanece em relacionamentos ou situações tóxicas; talvez você faça isso porque, inconscientemente, existe algo na sua mente que considera isso positivo.

Talvez você tenha que desistir de ser cuidado, de ser amado, de ser apoiado etc. Novamente, isso está em um nível subconsciente, e então você acha que perderia exatamente isso, o "cuidado". Mas, no fundo, você não percebe que está perdendo muito mais porque não está se fazendo respeitar. Perceba que você é muito capaz e pode mudar sua vida sem depender de nada nem de ninguém. Apenas confie em si mesmo. Você tem tudo de que precisa no seu interior.

A ideia é ficar em paz, mas como conseguir isso? Bem, mantenha-se no presente e dê permissão para que Deus cuide de você e te guie. Assim você se encontra no momento perfeito e com as pessoas adequadas.

"Mabel, mas o que acontece quando se tem uma doença?" Devemos ser gratos até mesmo por uma doença, porque é uma possibilidade de aprender e de sermos melhores; não devemos tomá-la como se fosse um castigo ou má sorte nem nos repreender porque fizemos uma ou outra coisa errada. Você simplesmente tem que agradecer, viver cada momento do presente. É sempre uma bênção, mesmo que não pareça. Não dê ouvidos à sua mente, lembre-se de que ela não tem todas as informações.

Tudo são memórias no seu subconsciente? Sim, tudo se trata de memórias no nosso subconsciente, incluindo uma dor de cabeça à qual você também tem que dizer "Te amo" e mostrar a outra face, a do amor. Aquilo a que você resiste é o que persiste. Você pode ficar em paz mesmo tendo uma dor ou um problema. Se você estiver em paz, se estiver bem, apesar de ter alguma dificuldade, tudo passará mais rápido, não será tão grave, não vai te incomodar tanto.

Mais uma vez, se você assumir a responsabilidade e soltar, as coisas serão capazes de te afetar e controlar menos.

Assumir 100% da responsabilidade muitas vezes leva a situações em que os médicos não entendem como um tumor desaparece, como você pode continuar vivendo, como não dói mais, como você pode voltar a andar da mesma forma. Já ouvi tantas histórias milagrosas... Às vezes sinto que minha vida é um milagre também. Sei que às vezes não é do dia para a noite que as coisas acontecem, mas você tem que soltar, confiar e ter paciência.

"Como faço para não me prender?", me perguntou Fernanda, da Argentina. Em vez de se prender a uma situação, estabeleça distância e seja o observador. Somente quando você assume 100% da responsabilidade e solta é que você tem o verdadeiro controle da sua vida, em vez de pensar que há alguém de fora que está fazendo algo com você e que você o está culpando por isso.

Vou ser sincera com você, nem tudo é preto ou branco. Às vezes, a inspiração pode te levar a agir; em outras, pode levar você à inação, porque naquele momento a coisa certa é não fazer nada. O importante é que você confie na sua própria inspiração, que não hesite e que deixe de lado suas expectativas quando as coisas não mudarem como e quando você esperava.

Sei que muitas vezes você diz que assume a responsabilidade, que solta e confia, mas não faz isso de verdade, porque continua pensando naquilo que te preocupa. Mas é assim que se para o processo, é como enfrentar duas forças opostas: soltar e reter.

Tudo é perfeito e correto, porque o Universo é perfeito. Tudo acontece por algum motivo que talvez a mente não entenda. Não há vítimas, e todos nós temos aquilo de que precisamos para sair dessas situações. No seu caso, tudo depende da sua atitude e dos seus pensamentos.

Também tenho desafios, também faço o melhor que posso diante deles. Todos nós fazemos o melhor que podemos, e Deus sabe disso. Estes são tempos cruciais. Não se prenda a circunstâncias ou eventos, pare de se culpar e reclamar, porque cada um de nós tem a possibilidade de apagar essas memórias no nosso subconsciente. E quando você apaga, realiza uma mudança no mundo.

Quando você assume a responsabilidade, não está fazendo isso apenas por si mesmo, está mudando o destino do mundo. Está fazendo história. Prometo que você será recompensado.

Como o ego afeta nossa energia e como nos libertamos dele?

O que o ego quer? O ego quer ter razão e a última palavra. Ele pensa que sabe o que é certo e perfeito, que conhece o bem e o mal. Mas, na verdade, ele não sabe de nada, não tem o filme inteiro.

Por outro lado, o ego é uma parte muito importante, porque é a parte de nós que tem o poder de escolher livremente; portanto, ele é responsável por iniciar o processo de limpeza do Ho'oponopono.

Você não quer resistir a ele ou rotulá-lo de "ruim", porque aquilo a que você resiste é o que persiste. É uma questão de torná-lo seu aliado e mostrar que o melhor é estar em paz em vez de ter razão.

De certa forma, o ego é uma ilusão, a dualidade do que pensamos que somos. Mas é como parte do jogo, e nós mesmos estabelecemos as regras antes de vir à Terra, mesmo que não nos lembremos mais, porque justamente esquecer faz parte das regras deste jogo aqui, no nosso planeta.

Não sei se é um fantasma, mas com certeza esse esquecimento e esse mundo de ilusão e dualidade que vivemos são o que faz você pensar que é algo que você não é de verdade; por isso você está aqui, porque veio esquecer para poder se lembrar e se reconectar com sua verdadeira essência.

Muitas vezes criticamos e julgamos pelo ego, porque o ego é muito forte e tudo o que ele quer é ter razão. Acontece com todos nós, criticamos ou reagimos porque demos o poder e o controle à nossa mente. Às vezes, esquecemos que não há ninguém do lado externo e que tudo e todos são nossas memórias do nosso subconsciente. De qualquer forma, continuamos conversando e discutindo, porque sentimos que não podemos evitar. Sempre digo a vocês que, se não conversássemos, não teríamos tantos problemas. Assim que perceber, volte para a limpeza que fazemos com o Ho'oponopono. Todos nós fazemos o melhor que podemos. O que você não precisa fazer é se sentir mal, se sentir culpado ou criticar a si mesmo. Isso não apaga as memórias. Se isso acontecer, assim que puder, volte a limpar, a soltar e a dar permissão a Deus para transmutar. Lembro-me de uma de minhas alunas me dizendo que havia feito coisas no passado das quais se arrependia, mas ela me perguntava o que poderia fazer além de pedir perdão para si mesma para acalmar aquela culpa interior que sentia. E a resposta é exatamente esta: não se sentir mal ou culpado se realmente quiser superar. Permitimos que Deus apague essas memórias.

Talvez você precise ser um pouco mais humilde e perceber que não sabe tanto quanto pensa, que tudo acontece por uma razão. Pelo menos, para mim, isso tirou um peso muito grande dos meus ombros. Eu não precisava mais saber, entender ou pretender ser perfeita. Só precisava ser novamente uma menina e me deixar guiar.

E o que você deve fazer com suas expectativas? Outra coisa muito importante na minha mudança de vida foi, justamente, perceber que as expectativas também são o nosso ego. Essa parte que pensa que sabe como as coisas deveriam ser, como o Ho'oponopono deveria funcionar etc. E, finalmente, perceber que, se eu fosse 100% responsável, isso significava que eu o havia criado, que estava dentro de mim e que eu mesma poderia mudá-lo. Que dependia de mim, que minha paz não dependia de alguém ou algo mudando fora de mim.

Isso vai contra tudo o que aprendemos, mas você deve perceber que tem que desaprender para aprender novamente; o pior que você pode fazer quando tem um problema é pensar ou se preocupar com ele.

    Você acha que está no controle, mas, na realidade, recupera o controle quando para de pensar, solta e permite que uma parte mais inteligente que você (Deus) te inspire com as soluções perfeitas e as respostas certas.

    Devemos estar conscientes o suficiente para perceber quando estamos comprando nossas próprias histórias. A realidade é que você é como um disco riscado, só você pode pará-lo, ninguém pode fazer isso por você.

    Se você estiver suficientemente consciente disso, não vai querer ficar repetindo aquelas memórias que não funcionam e vai buscar atrair o que é certo e perfeito de uma maneira fácil. Não se prenda e solte.

CAPÍTULO 4

O Ho'oponopono e os relacionamentos

Se não perdoar, você continuará vivendo no passado.

Se continuar vivendo no passado,
você continuará repetindo esse passado
e não conseguirá mudar seu futuro.

Como melhorar as relações pessoais?

Lembre-se de que absolutamente todas as pessoas que aparecem na sua vida fazem isso para te dar a oportunidade de corrigir. Corrigir o quê? Memórias de outras vidas. Sim, você já esteve com elas em outras vidas, e agora elas aparecem para desempenhar diferentes papéis. É por isso que sempre digo para não ficarem presos, porque o verdadeiro problema não é o que está acontecendo no momento, mas sim todas as memórias passadas.

Assim, ainda que os relacionamentos sempre tragam desafios, você pode vê-los como oportunidades e, ao não levar para o lado pessoal, eles podem se tornar mais harmoniosos.

Você pode optar por não reagir quando discorda de algo ou quando algo te incomoda. Saiba que o relacionamento ideal não é aquele em que nunca teremos um "sim" ou um "não", ou no qual sempre concordaremos. O relacionamento ideal é aquele que te dará a oportunidade de corrigir erros. Claro, lembre-se sempre de que você pode escolher ser feliz e estar em paz em vez de impor o seu ponto de vista.

Muitas vezes não é tão fácil soltar e, em diferentes ocasiões, você não conseguirá evitar. Você vai "ficar confuso". Adoro quando, no caso de casais ou mesmo de pais e filhos, eles vêm juntos ao seminário e posso recomendar que pelo menos um deles fique "são", acendendo a luz nos momentos em que o outro fica preso e está, de alguma forma, no escuro.

Você também deve saber que falar a partir da mente (memórias) não funciona. Seja com o companheiro, o filho, o vizinho ou o chefe: não funciona porque você continua repetindo memórias. Só funciona se você falar com base na inspiração, isto é, você sempre precisa primeiro fazer uma limpeza e deixar Deus te inspirar com as palavras perfeitas e certas, com aquelas palavras que o outro consegue ouvir.

É muito importante que você não se prepare de antemão para o que vai dizer ou o que o outro vai te responder. É importante não pensar em nada e estar no presente para ouvir o que vai ser dito. Dessa forma, você se deixará inspirar pelo que é certo e perfeito para dizer naquele momento.

Mude sua conversa mental, a maneira como você vê as situações, sabendo que cada encontro é uma oportunidade de limpeza, que os outros simplesmente te mostram o que está em seu subconsciente.

Você também deve se lembrar de que é você quem pode mudar e que, quando você muda, tudo muda. Não queira esperar que nada mude do lado externo. Não queira resistir. Sem dúvida é melhor ser feliz e estar em paz do que ter razão.

É importante aceitar e respeitar outros pontos de vista, outra forma de ver as coisas. Saiba que nem todos nós vemos ou interpretamos as coisas da mesma maneira, porque todos percebemos de forma diferente com base nas nossas memórias.

Pensar é resistir e falar também é resistir. Então, espere o momento em que venha a inspiração. Talvez, assim, você possa dizer algo do jeito e no momento que o outro consiga ouvir.

Dizem que "em boca fechada não entra mosquito". Bem... quanto mais fechada, menos problemas. Além disso, todos nós cometemos erros e todos estamos aqui aprendendo. Você também.

Uma amiga me disse uma vez: "Mabel, sabe o que eu percebi? Que todas as pessoas que aparecem nas nossas vidas são como

anjinhos que aparecem para nos dar uma chance de corrigir". É assim mesmo, porque são almas encarnadas que se comprometeram a aparecer nesta vida sob diferentes papéis.

Devemos amar como Deus nos ama: incondicionalmente. Se nos ferem, limpamos a ferida sabendo que podemos estar pagando dívidas antigas. Além disso, o fazemos porque queremos estar presentes e não criar mais memórias para limpar nem viver no passado.

Sabemos que todos aqueles que encontramos são nossos mestres. Por isso, sempre podemos repetir mentalmente para nós mesmos: "Não sei o que fiz a ele em outra vida, mas sinto muito". Não se surpreenda se o relacionamento mudar completamente e vocês acabarem tendo um vínculo muito mais harmonioso.

Como melhorar as relações entre pais e filhos?

A primeira coisa que você deve saber é que, se você estiver bem, seus filhos também estarão.

Eles não são apenas nossos professores, são também nossos espelhos. Por isso, vamos sempre nos perguntar: "O que há em mim que está atraindo esse conflito ou essa situação?". Atenção! Não faça isso pensando em culpa. Ninguém é culpado, pense a partir da responsabilidade. Como vimos anteriormente, a responsabilidade nos liberta e cura.

Lembremos que as crianças escolhem seus pais antes de virem ao mundo, e elas são, ainda que não pareça, os pais e filhos perfeitos. O Universo é perfeito, e o *software* de *matching* de almas que ele tem também é perfeito. Ninguém é vítima aqui. Todos viemos para aprender e para crescer como almas, e, de alguma forma, todos os desafios que podem surgir entre nós serão experiências e oportunidades que nos ajudarão a corrigir erros de outras vidas para nos tornarmos pessoas mais fortes e melhores.

Outra pergunta muito comum que me fazem é "Como devo falar com meus filhos?". Devemos falar com nossos filhos com a verdade e com o coração, mostrar-nos vulneráveis e dizer a eles que também estamos aqui aprendendo e fazendo o melhor que podemos. Nossas intenções, em geral, são boas. No entanto, como estamos perdidos e não sabemos quem realmente somos, às vezes buscamos essa felicidade e paz nos lugares errados, fazendo a nós mesmos as perguntas erradas.

Peça conselhos para os seus filhos. Se tiver problemas, inclua-os para encontrar soluções. Mesmo que sejam pequenos. Você vai se surpreender.

Como agir no caso de os filhos terem que enfrentar a separação dos pais? Lembre-se de que o melhor é nunca falar mal um do outro. Nem você deve se sentir culpado, eles já sabiam... Foram os filhos que nos escolheram como pais antes de chegarem a este mundo. Tudo é sempre certo e perfeito para todos. Os filhos não devem ser vistos como vítimas.

Solte, o principal é serem mães e pais felizes, juntos ou separados. Não precisam ser os pais perfeitos. O que se deve fazer é abraçar os filhos e dar a eles muito amor. Isso é tudo de que precisam: ver vocês felizes e que vocês os aceitem e amem como eles são.

É importante que os filhos não se vejam como vítimas, porque também não o são. Às vezes, carregamos conosco esses apoios, que repetem "Porque os meus pais se separaram quando eu era criança...", "Porque venho de uma família disfuncional...", "Porque abusaram de mim...". Continuamos culpando o externo. São só desculpas! É nossa decisão deixar o passado, seguir em frente, tornar-nos pessoas melhores e, assim, ajudar os outros. É hora de crescer, assumir a responsabilidade e nos permitir ser felizes. É hora de saber que merecemos estar melhor e que não dependemos de nada nem de ninguém fora de nós.

Você percebeu que em uma família todos os filhos são diferentes? Como isso acontece? Bem, porque cada um de nós tem memórias diferentes, viemos para curar e experimentar coisas diferentes e todos nós temos livre-arbítrio.

Cada um dos filhos vive suas próprias experiências e aprende suas respectivas lições. É melhor soltar e dar permissão a Deus: "Deus, você me guia, você sabe o que é certo e perfeito para eles. Deixo-os nas suas mãos". Soltamos e confiamos.

Sei que existem certas situações difíceis que podem acontecer com os nossos filhos. Porém, mais uma vez, se não soubermos o que é certo para nós, não saberemos o que é certo para eles. Nesses casos, não há alternativa a não ser pedir ajuda: "Deus, isso é demais para mim, preciso de ajuda", "Deus, você está pedindo muito de mim, não sei se consigo lidar com isso". Você faz a sua parte (solta) e, assim, Deus pode fazer a dele. Não tente fazer sozinho.

Sempre haverá coisas que sairão do controle, mas você deve pedir ajuda a Deus. Podem ser casos muito difíceis, como vícios, prisão, filhos que podem estar em risco etc. É nesses casos, em que você sabe que não pode mais, que você deve pedir a Deus para proteger e cuidar deles. Isso significa que, além de soltar e confiar, você deve continuar trabalhando dentro de si mesmo.

Embora possa parecer, dar os filhos a Deus para que ele os resgate e cuide deles não é de forma alguma uma posição confortável e irresponsável. Na verdade, é assumir a responsabilidade ao perceber que não podemos fazer isso sozinhos, tornando-nos mais humildes. Se você realmente quiser o melhor para seus filhos, é importante não ouvir a opinião dos outros e seguir seu próprio coração.

Mais uma vez, lembre-se de que nossa obrigação ou trabalho como pais é sermos felizes. Em uma conferência, me perguntaram: "Como não me sentir culpado por me colocar em primeiro lugar, antes dos meus filhos?". O que você tem que ter em mente é que você está em primeiro lugar, essa é a melhor maneira de mostrar aos seus filhos que eles não precisam ser perfeitos e que podem ser felizes também. É a melhor forma de ajudá-los.

Vamos ensiná-los a se colocar em primeiro lugar, a fazer o que amam, a ser eles mesmos, a seguir o que o coração deles diz e a não ser guiados pelo que os outros pensam deles.

Se nós os amamos e aceitamos como eles são, eles vão crescer mais confiantes e não buscarão a aprovação dos outros. Não ficarão implorando por amor por aí para se sentirem valorizados. Nós os ajudaremos com essa parte tão importante que é a sua autoestima.

Quanto mais você se calar, quanto menos você educar e quanto mais você amar o outro, mais eles te amarão. Não se sacrifique por eles, assim, tudo o que você fizer e der a eles será por amor, sem esperar nada em troca. Não tenha expectativas: "Quando eu for velhinha, eles cuidarão de mim, me ligarão, me ajudarão, me manterão, porque eu me sacrifiquei por eles". Quando você se sacrifica por eles e depois os cobra, é muito provável que não receba nada do que esperava; pelo contrário, vai gerar culpa e, em seguida, virá o ressentimento.

Além disso, quando você cria filhos felizes, eles encontrarão sozinhos o próprio caminho e será muito mais fácil para você.

Agora, se, por algum motivo, em algum momento, houver um distanciamento entre pais e filhos, não há necessidade de se preocupar, sempre haverá memórias de outras vidas em comum para apagar. A melhor coisa a se fazer é a limpeza do Ho'oponopono, isto é, trabalhar dentro de você, mudar o que pode estar te afetando, que não sabemos o que é; porque, como eu te disse, possivelmente são memórias de outra vida. Quando fazemos isso, o que é apagado em nós é apagado neles. Essa é a melhor maneira de curar, apagando essas memórias. Quando fazemos isso, fazemos sem expectativas, e no dia em que menos se espera, o telefone ou a campainha da casa tocam, sem a necessidade de falar, explicar, justificar ou qualquer coisa do tipo. Isso é o amor incondicional.

Nós entregamos a Deus, deixamos e cuidamos de nós mesmos, e então vemos como as coisas vão se acomodando e mudando.

Às vezes, as memórias se repetem. Quem vai apagá-las? Ou vamos deixá-las para os netos e as próximas gerações? É necessário tentar observar sem ficar tão preso, não tentar mudar ninguém, evitar discutir, ter razão ou convencer. Nada disso. Não estão aí a felicidade nem a harmonia que todos nós estamos buscando.

Por outro lado, é preciso lembrar que o apego e as expectativas não são bons para ninguém. Tente encher o coração e a alma de coisas espirituais. Tente manter sua mente ocupada, deixar de lado os pensamentos, não comprar histórias ou ficar preso em dramas. Diga: "Obrigado, mas estou ocupado".

Desapegar nos
traz muita
paz interior.

Sei que, como pais, queremos ajudar os filhos, queremos que estejam felizes, que estejam bem. Porém, só fazemos isso cuidando de nós mesmos, sendo pessoas felizes, mostrando-lhes pelo exemplo que há outros caminhos e que eles podem fazer escolhas diferentes. Mas, no final, sempre depende das escolhas que eles fazem.

Observe sem se prender e não tente mudá-los nem dizer a eles o que é certo ou errado, o que deveriam pensar ou como deveriam se sentir. Você não pode invadir a privacidade deles. Então, deve ser um pouco mais respeitoso e saber que eles vieram para viver a sua própria experiência. Como disse antes, e isso é muito importante: ame-os e aceite-os como eles são.

Eu teria adorado saber, quando era menina, que estava tudo bem ser do jeito que eu era e que eu deveria seguir meu coração. Que o importante era o que eu pensava de mim mesma, não o que os outros pensavam. Também é muito importante entender a responsabilidade que vem com o livre-arbítrio, que tudo depende das suas decisões e que as decisões têm consequências. Nada depende dos outros, do externo, tudo está em nós mesmos. Talvez da próxima vez você pense duas vezes ao escolher, e talvez isso mude sua vida para melhor.

Não estou dizendo para você não disciplinar os filhos. Claro que todos nós precisamos de limites, o importante é colocar a responsabilidade das próprias decisões neles mesmos. Vamos sempre dar opções a eles, deixá-los saber as consequências e escolher conscientemente. Dessa forma, você tampouco precisa ser o carrasco.

Lembre-se: em vez de discutir, repita mentalmente: "Te amo, obrigado por estar na minha vida". E é melhor fazer isso quando os filhos estiverem dormindo, pois você diz para o subconsciente deles, que nunca dorme. Independentemente de eles morarem ou não na sua casa. Não fique preso, escolha suas batalhas, algumas não valem a pena. Não os contradiga, limpe! Lembre-se de que falar e discutir não funciona. Não conteste, não diga a eles o que é certo ou errado, lembre-se de que nem você sabe e de que nem aquilo aconteceu com você, que são memórias. Não sabemos o que fizemos com eles em outra vida. "Sinto muito, obrigado por aparecer na minha vida e me dar esta oportunidade de corrigir."

Como melhorar os relacionamentos de casal?

Com certeza, muito do que já compartilhei sobre as relações pessoais, profissionais e entre pais e filhos se aplica aqui também.

Como já disse, é fundamental focarmos em sermos capazes de assumir a responsabilidade e soltar, em vez de querermos estar certos, não importa em que tipo de relação.

Por onde devemos começar para melhorar a relação com o nosso companheiro? Comecemos aceitando e respeitando a nós mesmos, porque dizem que os outros nos tratam da maneira que nós nos tratamos. Dessa forma, é somente quando mudamos que os outros mudam. Lembre-se de que a aceitação e o respeito são muito importantes em qualquer relação.

E sabe de uma coisa? Não importa quantas vezes eu repita as coisas para você, porque aprendemos tudo por repetição, e não importa quantas vezes leiamos ou escutemos, todos nós precisamos continuar lendo e escutando, porque não é tão fácil mudar hábitos ruins. A única maneira é desaprender para voltar a aprender, e isso requer prática, prática, prática... Todos nós precisamos nos lembrar, permanentemente, porque a própria vida está sempre tentando nos tirar do caminho. Temos que ser fortes e consistentes, porque as memórias em nosso subconsciente são poderosas e muito tóxicas.

Uma coisa em particular sobre relações de casal é não buscar relacionamentos porque nos sentimos sozinhos, porque as relações codependentes, seja por apegos mentais ou emocionais, que nos dizem que "precisamos" disso, por um interesse financeiro ou por *status* perante a sociedade, nunca funcionarão para nós. Também não devemos pensar que um dia seremos felizes nelas.

Você pode estar em um relacionamento e se sentir sozinho e vazio da mesma forma. A verdade é que, cá entre nós, a melhor relação é com esse Deus que está dentro de você. Você nunca vai encontrar o que está buscando fora de si mesmo. Se acredita nisso, você está se enganando.

Quando se trata de uma relação de apego ou necessidade, não é possível ser feliz, mesmo que as pessoas permaneçam juntas. Vamos trabalhar nós mesmos primeiro, nos preocupar em nos sentir bem, em não precisar de nada além de Deus e em saber que não estamos sozinhos. Pouco a pouco, estar bem sozinhos fisicamente e, assim, poder estar em paz. Depois, vamos buscar o companheiro, mas partindo de que eu "quero", e sabendo que não "preciso" dele.

Isso de procurar a metade da laranja – como se estivéssemos incompletos, se precisássemos do outro para sermos alguém – é uma ideia mal aprendida que a nossa sociedade nos ensinou, que continuamos repetindo e que nos faz muito infelizes, mas que acaba sendo "uma programação", e hoje, mais do que nunca, percebemos que estamos programados para esses ditados ou ideias. Nunca esteja em um relacionamento no qual você não pode ser você mesmo, no qual você não é aceito como é. Também não esteja em um relacionamento em que você acha que vai mudar o outro e em que tenha expectativas.

Quando você está em uma relação, seja pessoal, íntima ou profissional, não importa qual seja, o importante é saber que vocês já estiveram juntos, assumir 100% da responsabilidade, parar de culpar, de reclamar e de pensar que o problema é o outro. Também não espere que o outro mude para que você fique feliz e em paz. Não há ninguém lá fora que possa te fazer feliz.

Diante de qualquer circunstância, nos relacionamentos o mais importante é nos perdoarmos e perdoarmos o outro, para não continuarmos nos machucando. Lembre-se de que são apenas as memórias se repetindo e de que elas aparecem porque estamos prontos para apagar, nos libertar e crescer.

O essencial é viver no presente. Isso também traz muita paz em um relacionamento. Não fazer tantos planos e não pensar tanto no futuro. Mesmo do ponto de vista do Ho'oponopono, se há uma separação, não precisa haver sofrimento. Assim, observe, solte, peça a Deus para transmutar. Lembre-se de que o parceiro ideal não será aquele com quem não há diferenças ou conflitos. Os parceiros sempre nos mostrarão o que temos que trabalhar em nós mesmos. Há sempre alguma razão para estarmos juntos.

Deus sempre nos dá oportunidades. O que você precisa fazer é lembrar de cada momento da sua vida como se estivesse assistindo a um filme e ver que esses seres que aparecem na sua vida, com todas as suas grandezas ou fraquezas, também estão fazendo o melhor que podem e que são isso, personagens em uma tela. Que às vezes não fazemos as coisas de propósito, mas sim porque não podemos evitar, são mais fortes do que nós. No Ho'oponopono, chamamos essas coisas de *memórias*.

E o que falar sobre a infidelidade e o abuso? Como comentei antes, não digo que devemos permanecer no relacionamento, aceitar a traição ou o abuso, mas sim entender que também são memórias e que devemos assumir nossa responsabilidade, entender que o outro não pôde evitar. Que nem tudo ou todos estão aí vendo como nos machucar. Cada um está vivendo seu próprio filme e tecendo sua própria história.

Se houver testes ou desafios, é porque nós mesmos decidimos vir para viver essa experiência, e os outros estão desempenhando conosco o papel que pedimos, lembra-se? Estamos todos aqui corrigindo, aprendendo e crescendo. Não devemos nos preocupar, Deus sabe o que é certo e perfeito para todos e estamos aqui para finalmente nos formar. Acredito que ninguém quer repetir de ano, não é?

A questão é: você vai se colocar como vítima? Vai ficar preso na história dos outros? Vai tentar entender? Vai fazer perguntas que não têm resposta? Ou, em vez disso, vai soltar?! Porque o Ho'oponopono é "Sinto muito, perdoe-me pelo que há em mim que criou isso". Somente quando você assume a responsabilidade é que você gera sua transformação.

Trata-se de não se apegar e de aproveitar cada momento com os professores que você escolher. A vida é uma jornada, é uma escola, e estamos todos aqui aprendendo. Assim, cada um de nós tem suas próprias lições e experiências com as quais aprende. Você não pode impor a ninguém o que você acha que deveriam estar fazendo. É preciso respeitar.

Quando fazemos essa limpeza do Ho'oponopono, estamos realmente ajudando os outros. Por quê? Porque estamos soltando e dando permissão a Deus para apagar as memórias. O que é apagado em nós também é apagado nos outros.

Não se surpreenda se o outro mudar, fizer ou disser coisas que você nunca esperaria dele. Dê-lhe uma chance de mudar! Não coloque as pessoas na caixinha do "Nunca vai mudar", "É sempre o mesmo". Agindo assim, você está decretando algo, e a pessoa não pode mudar porque você decidiu isso.

A questão é: como faço para soltar? Quando as coisas acontecem, o que eu preciso fazer é relaxar, desapegar, entregar. E, claro, não me esquecer de respirar. Assim, nesse momento, você deve se lembrar: solte e confie. Deus sempre estará aí para te guiar e cuidar de você.

Deixe de lado as expectativas. Você não sabe o que é certo e perfeito. Quando temos expectativas e quando estamos apegados a uma determinada pessoa, situação ou resultado, acabamos sendo o pior obstáculo em nossa própria vida e a única possibilidade de o exterior mudar é nós mesmos mudarmos.

É importante saber que definitivamente não há coincidências nem acidentes. Temos memórias em comum, sempre aparecemos na vida dos outros e eles aparecem na nossa para nos dar a oportunidade de corrigir. Temos mais memórias em comum com aqueles com quem ficamos e convivemos mais.

Além disso, todos os dias, em todos os momentos, temos oportunidades de ver se soltamos e confiamos. Nossa fé está em jogo o tempo todo. O Universo sabe o que é certo para nós, para você, e é nisso que temos que confiar. Basta viver momento a momento, no presente, vendo todas as coisas positivas e não nos esquecendo de agradecer o que temos à nossa frente, em vez de nos deter no que falta ao outro.

Não resista ao seu ego crítico e criterioso. A chave é simplesmente amar seu ego, observar as reações, não esquecer que a parte emocional também é seu subconsciente, sua criança interior. Assim, nesses momentos você também pode dizer: "Tudo vai ficar bem, isso vai passar, não é tão sério, estamos juntos, não há com o que nos preocupar".

Você não precisa se sentir mal por suas reações – isso acontece com todos nós –, apenas tente tornar os episódios de raiva e ressentimento cada vez mais curtos e os episódios de reconhecimento e aceitação mais duradouros. Queremos, sempre, soltar mais rápido e estar mais conscientes.

Nenhuma relação é fácil, porque a maioria é cármica, mas tudo é possível. O Ho'oponopono pode ajudar a te transformar.

Como evitar o tóxico nas nossas vidas e não nos deixar vencer pelo que nos dirão?

Ouvir o coração te faz lembrar de que você não está sozinho. É como se Deus falasse conosco. É aí que a inspiração vem até nós. Você se sente leve, poderoso e forte. Percebe que tudo é possível. É como se, nesse momento, essas memórias tóxicas e densas fossem anuladas.

O Jorge, do Uruguai, tinha uma relação conflituosa com uma pessoa tóxica. Ele sentia que sempre perdia e, não importava o que fizesse, tudo terminava muito mal. Por quê? Bem, devemos levar em conta o tipo de relacionamento que temos nas nossas vidas, porque uma pessoa negativa e tóxica é quem vai ganhar, já que o tóxico é mais pesado e às vezes pode nos jogar para baixo. Por isso devemos ter a boa vontade de dizer "Não, não vou por esse caminho, não compro" e nunca nos deixar dominar nem deixar que se imponham ou assumam o controle sobre nós. É fundamental escolher a nossa paz e felicidade acima de todas as coisas.

Devemos nos concentrar justamente em fazer o que amamos, o que funciona para nós, em vez do que funciona para os outros, porque não dá certo fazer as coisas para os outros, colocá-los em primeiro lugar e nos sacrificar por eles. Não dá certo para nós nem para eles.

Não é difícil saber quando o coração fala com você, basta nos perguntarmos: "Estou bem com isso?", "Funciona para mim?", "Isso me faz feliz?". Escolher coisas diferentes e dar atenção às intuições – que é o que nos faz sentir bem – faz com que nos sintamos em paz, mesmo que não saibamos de onde isso veio ou saiu.

Isso nos permite, quando temos que tomar decisões, fazer com o coração, sempre olhando para dentro e nos conectando com aquela parte de nós que sabe o que é perfeito e certo. Sempre fazendo o que funciona para nós e nunca tentando mudar os outros, porque senão carregaremos mais memórias e acumularemos mais bloqueios no coração e no caminho.

Quando estamos seguros de nós mesmos, não precisamos convencer o resto. Inclusive podemos até aceitar e respeitar mais as decisões dos outros. Se estivermos mais fechados, tentando ter razão, tentando convencer de que o que pensamos é certo, não seremos capazes de nos comunicar bem, e os resultados serão o oposto do que queremos obter.

Para que o coração e a mente estejam alinhados, em vez de serem confrontados, você tem que soltar e deixar a mente fazer o que quiser. Nós simplesmente não ficaremos presos nessas reações e opiniões. Permaneceremos observadores, abrindo distância e sabendo que não somos essas reações e opiniões.

Só assim poderemos ficar em paz, sem precisar discutir ou enfrentar batalhas com os outros, e poderemos trazer mais luz a todas as situações da nossa vida. Dessa forma, estaríamos também trabalhando e evitando coisas que não sabíamos que viriam, que poderiam ter trazido muito mais escuridão e ter sido muito mais difíceis do que o que estamos enfrentando. Mas, ao deixarmos de lado as expectativas e essa necessidade de ter razão, com apenas "Obrigado, mas não compro", confiamos em Deus porque ele sabe o que é melhor. Aí é quando coisas realmente incríveis acontecem, o que alguns chamam de *milagres*.

Por outro lado, quando se trata de situações sérias, dolorosas e até extremas, quero te dizer que no Ho'oponopono não dizemos que você precisa perdoar os outros, nem sequer precisamos falar com a pessoa, o que você tem que fazer é perdoar em seu coração, trabalhar na sua reação e nessas memórias que te levam a reviver o passado na sua mente. É importante decidir não nos machucarmos mais. Por que nos machucamos quando não perdoamos? Porque nós tomamos o veneno, não aquela pessoa que não merece o nosso perdão.

Lembre-se de que, quando falamos em curar e corrigir memórias do passado (algumas até de vidas passadas), não é algo momentâneo. Sempre vão aparecer personagens em nossas vidas para nos dar oportunidades de corrigir, mas em nosso coração devemos saber que já estivemos juntos e que os problemas nunca são aqueles que estão acontecendo no agora: na verdade, são repetições de memórias. Todos nós temos que continuar vivendo até o último suspiro, mas será mais fácil fazer isso se não nos culparmos e não tentarmos entender ou justificar a nós mesmos. As memórias não podem ser compreendidas; por isso, devemos estar preparados para assumir a responsabilidade. O que é apagado em nós é apagado nos outros; quando mudamos, os outros mudam.

Qual é a importância da criança interior e como pedir ajuda para ela?

A criança interior é o nosso subconsciente. É quem gerencia todas as funções do nosso corpo. Imagine tudo o que acontece nele, a cada momento em que não estamos conscientes, quando não temos que pensar em como fazer o nosso coração bater ou em como respirar.

Estamos no automático: a respiração, os batimentos cardíacos, a circulação sanguínea, e assim por diante. E te digo que esse subconsciente também pode fazer a limpeza automaticamente, vinte e quatro horas por dia, e é disso que precisamos, porque muitas vezes não conseguiremos evitar nos prender e reagir.

Esse subconsciente, nossa criança interior, nos observa, não nos ouve, assim como nossos filhos biológicos. Não se trata de falar com eles ou dar instruções, a ideia é mostrar pelo exemplo. Isso significa que temos que fazer, temos que começar e nos comprometer, temos que tentar fazer o melhor que pudermos, limpar o máximo de tempo possível para que possamos agir a partir da inspiração, para sermos capazes de atrair o que é certo e perfeito para nós. Essa criança vai nos observar, e deve ficar claro que em nossa "casa", quando temos um problema, nós limpamos, soltamos e entregamos esse problema para Deus.

Você tem que praticar o Ho'oponopono o tempo todo. Se nos comprometermos, temos que praticar apenas uma coisa. Sei que, se algo me escapulir, aparecerá o Chapolin Colorado, a criança interior, que é o subconsciente e que pode fazer isso por nós automaticamente. Para isso, devemos evitar confundir essa criança dentro de nós, porque ela precisa ter claro o que fazemos quando surge um problema ou desafio. Essa é a parte de nós que pode ser praticada automaticamente vinte e quatro horas por dia.

Conversar com a criança interior é algo muito pessoal, que pode ser muito diferente e único para cada um de nós. É como falar com uma criança pequena, é ter a certeza de que ela existe. Por exemplo, no

começo da minha jornada, percebi que, quando tinha medo, eu dizia à minha criança interior: "Estamos juntos, tudo ficará bem, entregamos a Deus". Imediatamente depois, notava que me sentia mais em paz.

Você tem que vê-la? Não. É apenas essa conexão, esse saber em seu coração que a criança interior existe e está te observando. Outra forma de falar com ela é: "Estamos juntos, não vou abandoná-la". Se você tiver algo que dói ou preocupa, diga a ela: "Por favor, solte". Lembre-se de que essa criança também é sua parte emocional. Outras vezes eu mesma lhe dizia: "Nós entregamos isso a Deus, é muita coisa para nós. Com isso, melhor nem tentar". Nossa criança interior conhece Deus! A mente, que é aquela que tem que escolher soltar e que é a parte que inicia o processo do Ho'oponopono, faz isso cegamente. Você deve confiar cegamente. No entanto, para a nossa criança interior, soltar é a paz, é trabalhar diretamente com Deus.

Nossa criança interior se parece conosco quando éramos jovens?

A criança interior (nosso subconsciente), à qual nos referimos aqui no Ho'oponopono, não se assemelha necessariamente a nós. Se você puder vê-la, ela pode aparecer como você mesmo quando era criança, mas também pode aparecer diferente, inclusive como uma flor ou um animalzinho. Lembre-se de que é o subconsciente, uma parte que esteve com você em vidas passadas. Não está neste plano, mas se identifica com ele, porque, como comentei, guia nosso corpo e é a nossa parte emocional.

Saiba também que ela pode ir mudando, então não se surpreenda, pode ser diferente no sexo, na idade etc.

Falar com a criança interior deveria ser natural. É uma ação pessoal, diferente e única para cada pessoa. Não existe uma fórmula em particular, mas só de saber que ela existe, de a incluir e falar com ela, você pode fazer uma grande diferença nos resultados.

Para alguém, conversar com a criança interior pode ser o fato de se levantar de manhã, cumprimentar, contar a ela o que vão fazer no dia e pedir ou dizer: "Você me ajuda com a limpeza?". Novamente, isso é algo muito pessoal. Você só precisa saber que ela existe e que é a melhor parceira que você pode ter na vida. É importante que, se você pedir a ela que por favor solte, sempre o faça com amor.

Você pode torná-la sua melhor amiga, com quem você pode conversar em qualquer lugar, no mercado, no banho, ao caminhar ou ao fazer as tarefas domésticas. Para isso, você não tem que se sentar ou se conectar; pode ser feito ao mesmo tempo que estamos ocupados ou fazendo outras tarefas.

É importante esclarecer isso para que você não pense que é necessário fazer todo um evento para se encontrar com ela. Há quem possa chegar a ficar um pouco ansioso ou desapontado ao conhecer sua criança interior, mas devemos sempre seguir nossa própria inspiração e o que funciona para nós. Nunca se compare. Você é único.

Também é válido sentar-se, relaxar e fazer a conexão. Você pode abraçá-la mentalmente, agradecê-la, incluí-la mais na sua vida. Lembre-se de que ela está te observando o tempo todo, então confie que ela está aí com você.

Você pode se reconectar com sua criança interior a qualquer momento e dizer "Eu te amo, obrigado por estar na minha vida", como se dissesse a uma criança pequena. Nada mais do que isso. Não tente convencê-la de que tem que estar feliz ou de que tem que limpar, porque, lembre-se, nós viemos do amor e temos que respeitá-la.

É o nosso banco de dados, onde estão todas as memórias que viemos corrigir de outras vidas ou de nossos antepassados. Optemos por não dar poder às memórias. Devemos lembrar constantemente que é muito fácil ficar preso à raiva, à depressão, à desconfiança, às expectativas, à apatia e à tristeza. Seja capaz de dizer "Não tenho tempo para isso, tenho um monte de coisas importantes para fazer, não posso dar o poder para isso". É uma escolha a cada momento, porque as memórias estão sempre aparecendo.

A criança interior é também a nossa intuição, porque é tudo repetição de memórias. Às vezes é como um aviso de algo que já aconteceu e pode acontecer novamente.

Nós nos identificamos, por exemplo, com nossos pensamentos, com o ego ou com os medos que vivem no subconsciente, mas devemos nos erguer, e é a nossa criança interior quem pode nos ajudar a nos conectar mais com Deus.

Devemos lembrar que, toda vez que dizemos "obrigado", nos conectamos com a nossa criança interior, porque a limpeza ocorre através dela. Nós não temos que dar instruções a ela, devemos apenas dizer "obrigado" e as coisas acontecem. É como pressionar a tecla "delete" no computador. Tenho que saber quais cabos se conectam e fazem o computador apagar o texto? Não, o *ordenador*, como se diz na Espanha, já sabe como fazer isso.

Por último, o subconsciente nunca dorme, por isso podemos fazer a limpeza enquanto dormimos. Muitos dos nossos sonhos são memórias de outras vidas e, portanto, momentos importantes para limpar também.

Quando as pessoas vêm aos seminários, sempre digo para não se preocuparem se adormecerem, porque o seminário é, na realidade, mais para o subconsciente do que para a mente. Uma vez o dr. Ihaleakalá levou a filha mais velha para um seminário de Ho'oponopono com Morrnah Simeona (sua mestra), e a filha dormiu o seminário inteiro, a ponto de roncar e Ihaleakalá ter de colocar a mão em sua boca por causa do barulho. No dia seguinte, eles foram à piscina juntos e a filha disse: "Pai, espere, você se lembra do que a senhorinha disse? Primeiro, é preciso limpar antes de entrar". Ele não podia acreditar no que ouvia, porque ela tinha dormido o seminário inteiro!

CAPÍTULO 5

O Ho'oponopono e a saúde

As doenças também
são memórias que tocam
o nosso subconsciente.

Você pode escolher estar em paz
mesmo que esteja doente.

Há sempre uma bênção
por trás de cada desafio.

O Ho'oponopono pode nos ajudar nas doenças?

Em que você está focando? Você realmente quer ser curado? Então, quando você achar que está começando a sentir esses tipos de preocupações, você tem que soltar. Aquilo a que resistimos persiste. Sempre devemos dar a outra face, a face do amor, e saber que Deus é o único que cura. Sempre podemos escolher estar em paz no meio de uma doença.

Claro, não podemos deixar de ter expectativas, mas lembremos que essa é a mente, que não sabe o que é certo e perfeito para nós. Pode ser que, através da doença, estejamos liberando memórias. Sim, uma doença poderia ser um presente. Lembre-se de que sempre há uma bênção por trás de cada desafio.

Quando temos expectativas de que queremos nos curar, estamos nós mesmos bloqueando o processo. Não sabemos o que é certo e perfeito. A doença pode ser uma maneira de deixar as memórias de lado. Devemos sempre dizer "obrigado", não importa qual seja a condição ou se não vemos mudanças.

As doenças também são professores que nos ajudam a nos libertar e crescer, por isso é importante não ficar preso a elas.

Preocupar-me e pensar é resistir, e isso nos leva ao futuro e ao passado. Assim, permaneço no presente dizendo "obrigado" à doença e ao meu corpo, e isso significa me conectar mais com o coração do que com a mente.

Não estou dizendo que não devemos ir ao médico nem que não devemos seguir um tratamento; o que digo é que, se soltamos em vez de nos prender, Deus pode nos surpreender com a cura ou orientar o médico a ter o tratamento certo para nós.

Nesses casos, temos que escolher e dizer: "Sabe de uma coisa? Vou soltar e confiar. Vou entregar a doença (ou o sofrimento) a Deus". É uma maneira de escolher estar em paz, não importa o que aconteça. Essa atitude tem a ver com confiar, saber que não estamos sozinhos, que tudo é perfeito e que não dependemos de estar saudáveis para sermos felizes ou estar em paz.

Começamos a ser observadores, a viver mais no presente, a ser mais conscientes. Não julgamos, não nos vemos como vítimas, sabemos que tudo é perfeito e que acontece por algum motivo.

Quero que você também tenha em mente algo importante quando se trata de doenças, diagnósticos etc. Se você começar a contar e falar sobre seu problema com os outros, você atrairá mais do mesmo, porque estará dando força para isso. Você não precisa dos outros e da compaixão deles. Você só precisa de Deus e da sua criança interior.

Conversar com eles irá te relaxar, te ajudará a liberar as tensões e a deixar de lado tanta pressão. Inclusive te ajudará a deixar de lado as expectativas, assim o problema passará mais rápido e você sofrerá menos. Juana, dos Estados Unidos, me perguntou: "Então o que eu faço se estou sofrendo?". Lembre-se de que a dor é inevitável, mas o sofrimento é opcional. Você não tem por que sofrer. Essa é uma escolha sua. Para se curar ou melhorar, você deve relaxar, porque, como você já deve saber, muitas vezes sua cabeça começa a doer com o simples fato de ficar tenso. Apenas relaxe e dê permissão a Deus para intervir, cuidar de você e guiá-lo. Sua criança interior deve saber que você vai dar permissão a Deus, que vocês estão juntos, que você não vai abandoná-la e que tudo vai ficar bem.

Cuidado com aquela vozinha que nos diz "Isso não funciona!". Assim que você ouvir isso, apenas diga: "Obrigado, mas estou ocupado". Lembre-se de que se trata da mente, do intelecto. Ou seja, é a parte dentro de nós que não sabe. Quando dizemos que não funciona, é porque estamos classificando as coisas, e nós determinamos o que é bonito e o que é feio, o que é certo e errado, porque acreditamos que sabemos.

Devemos lembrar que o poder está na decisão de não ficarmos presos ao que a mente ou os outros dizem e devemos confiar.

Quando não vemos os resultados que esperávamos é quando mais devemos continuar soltando e confiando. Às vezes é preciso passar pelo túnel antes de ver a luz. Além disso, nunca sabemos o que poderia ter acontecido se não tivéssemos limpado. Como mencionei antes, não podemos fazer isso para nos curar ou para não morrer. Também não podemos fazer para que outros se curem ou vivam. Não sabemos o que é certo para nós, muito menos podemos saber o que é certo para os outros.

É verdade que escolhemos as doenças ou as circunstâncias da nossa vida?

Se lermos os livros *A viagem das almas* ou *O destino das almas*, do dr. Michael Newton, perceberemos que nós, além de escolhermos nossos pais, também escolhemos muitas das circunstâncias da nossa vida antes de chegar a este plano, de acordo com as correções que queremos fazer de erros de outras vidas.

Algo que devemos lembrar é que não precisamos fazer isso sozinhos, que Deus está sempre aqui para nos ajudar, mas o que acontece é que somos nossos piores inimigos, porque escolhemos pensar e nos preocupar e continuamos tentando entender e procurar soluções que vêm de fora.

O que você deve fazer é dizer: "Deus, eu entrego a você, você sabe o que é certo para mim". Quando você faz a sua parte (soltar), Deus pode fazer a parte dele. Você nunca sabe de onde ou de quem pode vir a solução.

O soltar e entregar a Deus sempre funciona, mas nem sempre do modo como você espera ou quer. No entanto, mais tarde você percebe que a forma como as coisas aconteceram foi perfeita.

Lembre-se de que fazemos o Ho'oponopono para ficar em paz, não importa o que esteja acontecendo ao nosso redor. Trata-se de observar a dor, a preocupação, a ansiedade ou os sintomas e vê-los como se fossem parte de um filme. Saber que estamos observando o telão e que não devemos ficar presos nele. A cura não está nisso.

Somos nós quem realmente pioramos as situações. Isso acontece quando damos poder às coisas que não funcionam, quando resistimos a elas, nos sentimos impotentes e não percebemos o poder que temos nem que somos os únicos que podem mudá-las.

Nosso objetivo deve ser sempre manter a calma e a confiança. Mas e se você sentir que está ficando sem paciência? Bem, você tem que lembrar que às vezes as coisas não acontecem do dia para a noite. Com paciência, podemos conseguir que a nossa situação melhore.

Se o objetivo é que o resultado seja a cura, estamos boicotando a nós mesmos, e o melhor que podemos fazer é soltar e permitir que Deus nos guie e cuide de nós.

É Deus quem vai nos ajudar a passar por algo da melhor forma possível, pois, como tudo, é uma oportunidade para apagar memórias e libertar-nos. Principalmente de uma doença, em que ele pode nos ajudar a acordar. Muitas vezes aprendemos e crescemos quando conseguimos superar uma situação assim.

Lembre-se de que você não é essa doença. Você não é o seu corpo. Observe-o, mas não se identifique com ele e escolha soltar. Diga: "Obrigado, te amo".

Precisamente porque somos tão poderosos, atraímos aquilo em que pensamos. Portanto, nosso objetivo deve ser ter calma. Dessa forma, veremos que a ansiedade também vai se dissipando. Perceberemos que estamos retornando ao nosso eixo, que estamos bem, e notaremos que o problema existe, mas não estamos nos prendendo a ele. Ele não nos afeta.

O copo de água deveria nos ajudar a soltar nesses momentos, e é preciso trocar a água desse copo quantas vezes for necessário. E quando esses pensamentos e emoções vierem, tente manter uma mente vazia e imaginar que ela é como se estivéssemos diante de uma lousa, na qual vemos essas histórias, outras histórias e mais coisas escritas. A única coisa que vamos fazer quando aparecerem é ir apagando repetidamente.

Devemos saber que temos uma espécie de apagador, e quando aparecem a angústia, a ansiedade, a depressão ou o "diagnóstico", estamos com nossa borracha mental ou com um pincel com tinta branca para poder cobri-los, para que eles não nos afetem e possamos voltar à estaca zero. Como apagamos esses pensamentos ou emoções negativas? Fazemos isso à medida que aparecem, porque o que queremos é que o telão esteja sempre em branco – não permitamos que nada nos atrapalhe e nos tire do momento presente.

Existem muitas maneiras de nos ajudarmos nas várias situações que temos que enfrentar. Se há coisas que causam insônia, além de a respiração nos ajudar, a lousa também pode fazer isso. O importante é também não resistir a essa insônia, mas mostrar a ela a nossa outra face. Às vezes, é preciso estar aberto à inspiração que nos chega nesse momento. Podemos até nos levantar, começar a escrever nesse momento e ver o que surge. A ideia é ficar em paz, mesmo que não consigamos dormir.

Muitas vezes você nem vai se lembrar de que não conseguia dormir ou de que sentia alguma dor. Você vai dizer: "Opa, você lembra que eu tive essa dor ou que tive insônia? Nem me lembro quando isso passou". Foi exatamente o que aconteceu com a minha mãe na Argentina. Ela tinha uma dor muito forte na perna direita, e um dia ela percebeu que não sentia mais a dor e não sabia quando ela havia ido embora.

Como bem sabemos, atraímos aquilo que focamos. Por isso, é melhor não pensar no problema ou na dor o tempo todo. Mantenha sua mente ocupada e não deixe que ela te domine. Não seja seu próprio obstáculo em seu caminho para a cura.

O Ho'oponopono pode nos ajudar a perder peso?

Quero te pedir para não ficar obcecado com a perda de peso e para não precisar se ver magro para se sentir bem e estar feliz. Muitas vezes conseguimos o que queremos, inclusive perder peso, e percebemos que mesmo assim não estamos felizes.

Você precisa entender que estamos aqui porque somos importantes e temos algo transcendente a fazer. Não dependemos do peso, não nos foquemos nele pensando que nos ajudará a cumprir nosso propósito na vida e que seremos felizes se o alcançarmos. É importante que a nossa felicidade não dependa de certas condições. Quanto menos pressão colocarmos sobre nós mesmos, mais rápido perderemos peso.

O que peço é que você se coloque em primeiro lugar, que faça o que sente que é certo para você, e não o que os outros acreditam que seja o certo. Não se importe se os outros acham que você deve perder peso ou não. Aceite-se como você é. Você deve saber que é alguém importante e que não há nada de errado com você.

Também recomendo ouvir o seu corpo e prestar atenção ao que ele pede, além de conversar com sua criança interior – porque o subconsciente é a sua parte emocional, e a parte que atua automaticamente é o seu corpo físico. Ele pode ajudá-lo e é o seu companheiro ideal.

Como eu dizia, muitas vezes colocamos tanta ênfase na dieta, na perda de peso, na boa aparência, que quando nos adaptamos ao regime ou quando finalmente conseguimos encontrar a dieta que funciona e perder peso... continuamos infelizes!

O dr. Ihaleakalá sempre me dizia: "Não é o alimento que te faz engordar. São seus pensamentos sobre comida". Se você disser que algo te faz engordar, esse algo vai fazer você engordar! Essa é claramente outra prova de quão poderosos são nossos pensamentos.

É provável que, se formos felizes e nos aceitarmos como somos, não precisemos de tanta comida para nos sentir bem. A comida, muitas vezes, está vinculada ao nosso emocional. É algo que acontece com todos. Se estivermos bem, talvez a comida não nos faça engordar ou não precisemos comer tanto, ou talvez tenhamos menos fome. Outra possibilidade é que, sendo felizes e deixando-nos guiar, cheguemos àquele médico que tem justamente a dieta perfeita para nós!

E por falar em dietas, há uma que eu compartilho com base na minha própria experiência, que tem a ver com a minha criança interior. Aconteceu comigo no Japão com batatas fritas, uma de minhas fraquezas. Acabei jogando as batatas fora, e sempre falo sobre como pude resistir a elas: conversando com a minha criança interior, dizendo: "Vamos ficar bem, nós não precisamos delas, nós podemos ser felizes mesmo sem ter essas batatas fritas".

A ideia é voltarmos a ser crianças novamente e não nos fixarmos tanto naquelas coisas que não funcionam. As crianças, quando estão gordinhas, não se sentem mal, só se sentem assim quando alguém fala do sobrepeso para elas; caso contrário, ficam bem.

Vou repetir mais uma vez, porque é o que eu descobri sobre dietas: é muito importante que estejamos felizes com nós mesmos. Para sermos mais magros, o primeiro passo é nos aceitarmos, nos amarmos como somos e estarmos felizes, sem depender de nada nem de ninguém. Nesse caso, sem depender da nossa aparência ou de qualquer dieta.

Assim, a dieta fica um pouco mais fácil ou perdemos peso mais rápido, mas não temos que estabelecer que "Meu objetivo é perder peso", e sim que "Meu objetivo é me aceitar e me amar como eu sou". Como já comentei, não se trata da comida, e sim de nossos pensamentos sobre a comida. Todos fazemos o melhor que podemos. Devemos ser sempre honestos com nós mesmos. Todos temos coisas para limpar. Simplesmente não coloquemos a perda de peso como meta.

Outro ponto muito importante é não se colocar tanta pressão, perceber que isso não é tão importante. Estou sendo clara? Não dependemos de nada externo para sermos felizes, muito menos para sermos pessoas valiosas.

É preciso pensar: qual é a pior coisa que pode nos acontecer? Quando refletirmos sobre isso, perceberemos que na verdade não é algo tão sério assim. Damos muita importância a muitas coisas que nos trazem estresse e pressão, quando essas não são realmente as coisas importantes. O importante é desfrutar de tudo, assim como as crianças pequenas, e fazer o que é melhor para nós mesmos. Às vezes também não é o momento certo.

A chave é ter calma, porque, analisando estatísticas, há, por exemplo, pessoas que fumam, que não se cuidam, que consomem comida pouco saudável e estão perfeitamente bem. Por outro lado, existem outras pessoas que cuidam de si mesmas, que não fumam, e com tudo isso... morrem!

Depende disso? Pode ser. Temos que nos cuidar, é claro! Mas cuidado, porque eu sempre comento que, quando algumas pessoas vinham nos dizer "Quero parar de fumar", Ihaleakalá lhes dizia: "Mas por quê?". Porque, assim que dizemos "Fumar é ruim", nos apegamos a isso, e aquilo a que resistimos persiste.

Realmente, todos nós também temos que ter consciência de nos cuidar, mas cuidado com as palavras que usamos ou com as culpas que carregamos (sentirmo-nos mal com nós mesmos). Margarita, do

México, me disse: "Às vezes, tenho medo de dizer não ou de pôr limites". Quero que saiba que você tem o direito de dizer não a algo e de pôr limites. Às vezes, nossas doenças podem ocorrer porque não nos colocamos em primeiro lugar e porque não fazemos as coisas que funcionam para nós, porque colocamos os outros em primeiro lugar e nos "sacrificamos". Não somos felizes e vamos nos deteriorando. Fazemos mal a nós mesmos. Peça ajuda você também quando precisar.

Somos nós quem estabelecemos os limites, e devemos aprender a nos dar o nosso lugar, mas sem ficarmos bravos. Se alguém se aproveita da nossa boa vontade, devemos assumir 100% da responsabilidade, porque estamos atraindo e permitindo abusos. Se algo não funciona para nós, podemos mudá-lo.

Se de repente decidirmos, por exemplo, nos dedicar de corpo e alma a cuidar de alguém próximo a nós, façamos isso sem esperar nada em troca, nem reconhecimento nem nada. É algo que não pode ser feito por obrigação, mas sim porque realmente queremos fazer, para apoiar aqueles que precisam de nós e, talvez, também porque, ao fazer isso, nos sintamos bem. Da mesma forma, não faça nada por culpa ou obrigação. Lembre-se de que pode ser uma oportunidade para corrigir. Certamente é uma bênção por trás do que parece ser um inconveniente. Além disso, nunca sabemos de onde a ajuda pode vir quando permitimos que Deus nos guie.

Se chegarmos a enfrentar situações difíceis, devemos nos permitir chorar. Não há nada de errado em chorar, se for disso que necessitamos. Observemos nossos sentimentos e lembremos que não somos nossas emoções. Pode até ser uma forma de soltar, mas o importante é não ficar preso e dar poder a isso. Chorar também pode ser uma libertação.

Outra situação que afeta muitas pessoas acontece quando elas não podem ter filhos. É outra coisa pela qual não podemos ficar obcecados e que devemos deixar nas mãos de Deus, que é quem sabe melhor o que é certo para nós. "Deus, se eu tiver que engravidar e ter um filho, não vou forçar, você sabe o que é certo para mim.

Se tiver que ser, eu vou engravidar, e se não, assim será porque não é certo para mim e porque há algo melhor vindo ou há um propósito importante que eu tenho que realizar".

Talvez tenhamos tido muitos filhos em outra vida, e nesta escolhemos não os ter porque viemos a ela com uma missão diferente. E, se acontecer de engravidarmos sem esperar ou planejar, confiamos também que Deus sabe o que está fazendo. Soltamos, nos entregamos.

Como funciona o Ho'oponopono no caso de vícios em narcóticos e álcool?

A primeira coisa que quero que você saiba é que pensar é um vício, um vício bem aceito por todos. O que rotulamos como ruim nos leva a resistir a ele, e aquilo a que resistimos persiste.

Devemos dizer aos vícios: "Te amo, obrigado por estar na minha vida".

Se quem tem o vício é uma outra pessoa (um filho ou filha, um parceiro), toda vez que você quiser pensar ou se preocupar, você pode dizer mentalmente: "Te amo, obrigado por estar na minha vida". Dessa forma, você está soltando em vez de reagir e entregando a pessoa e o vício a Deus.

O que apagamos em nós é apagado nos outros. Essa é a melhor maneira de ajudar os outros, em vez de falar com eles e dar sermão sobre o que é certo e errado ou dizer o que eles deveriam estar fazendo.

O mais importante é soltar, cuidar de nós mesmos e estar bem. É fazer atividades que encham a alma. Se estivermos bem, os outros estarão bem. Todos temos o livre-arbítrio. Todos viemos viver nossas próprias experiências para aprender, crescer e, é claro, corrigir erros de outras vidas. Sentir-nos culpados e ver os outros como vítimas não ajuda. Ver-nos como vítimas também não ajuda.

Devemos perceber que, se quisermos ajudar os outros, o melhor é permitir que Deus os ajude.

Nós, é claro, como pais, filhos ou irmãos, sofremos e queremos ajudar, mas a melhor maneira de fazer isso é ajudando a nós mesmos. O que apagamos em nós é apagado neles. Por algum motivo, eles estão nas nossas vidas, temos memórias em comum. Já estivemos juntos em vidas passadas. Por alguma razão, eles aparecem desta vez para que façamos a nossa parte. Ao nos beneficiar, eles se beneficiam.

Uma coisa que podemos fazer é pedir a Deus que cuide deles e os proteja. Seguramos a mão deles. Podemos dizer que não concordamos com certas coisas, podemos dizer como pensamos, mas devemos respeitar as decisões deles em vez de ir contra e tentar convencê-los da forma como pensamos ou vemos as situações.

Devemos nos aproximar deles, deixá-los saber que os aceitamos como são, pedir que se cuidem e lembrá-los de que não estão sozinhos, que também podem segurar a mão de Deus e pedir ajuda.

Opor-se é resistir? Sim, e sabemos que aquilo a que resistimos persiste. Todos fomos jovens e sabemos que toda vez que nos diziam não a algo mais voluntarioso, aquilo se tornava mais desejado. Claro que as ferramentas do Ho'oponopono podem ajudar muito aqui; como a água solarizada azul, ao ser adicionada um pouco em bebidas e até mesmo ao cozinhar. No mundo dos vícios, as entidades são atraídas, de modo que a água solarizada azul também pode ser borrifada nos cantos dos ambientes, especialmente no lugar da casa onde essas pessoas passam mais tempo, dormem etc.

Definitivamente, devemos seguir sem expectativas e com paciência, lembrando que fazemos isso para estar em paz, não importa o que esteja acontecendo, se as coisas mudarem ou não. Claro, fazemos nossa parte, trocamos a água do copo, colocamos os nomes debaixo do copo etc.

É importante que você sempre siga sua própria inspiração.

CAPÍTULO 6

Prosperidade e dinheiro

Se, em vez de reclamar, agradecermos ao Universo pelo que temos, aquilo de que precisamos virá no momento certo.

Como desapegar para que o dinheiro e a abundância fluam?

O dinheiro é uma das maiores desculpas que as pessoas usam para não avançar e uma das coisas de que mais têm medo. É com o que mais se preocupam.

Na minha própria experiência, aprendi que o que devemos fazer é não nos preocupar. Soltar – em vez de se preocupar – é a melhor ferramenta para conseguir um bom emprego, atrair aquilo de que você necessita e fazer a prosperidade fluir.

Isso tem a ver com um capítulo da minha vida que sempre conto, quando, em um ponto, as coisas mudaram para mim. Eu tinha uma responsabilidade importante, que era pagar meus funcionários, e me perguntava: "Como vou fazer isso sozinha com esse meu novo trabalho?", já que eu havia deixado minha profissão.

De certa forma, isso fazia parte de um novo começo para mim, e eu não sabia como faria para pagar todos os salários. Mas, desde que decidi soltar e deixar nas mãos de Deus, juro que milagrosamente funcionou. Claro que eu estava com medo, claro que eu estava ansiosa, mas eu tomei uma decisão e disse: "Deus sabe por que eu estou aqui e sabe quando e de quanto eu preciso, não vou me preocupar".

Sempre que a preocupação ou a ansiedade vinham, eu me mantinha presente e não deixava que me controlassem. Era disso que se tratava, nada mais, de perceber que eu não era nem aquela preocupação nem aquela ansiedade e de poder observar tudo isso e seguir em frente. É importante não ter medo do medo. Quando eu percebia que o medo e a ansiedade estavam aumentando, basicamente olhava para cima e repetia "Não vou me preocupar", como uma garotinha. E, bem, nunca me faltou nada, não precisei mandar ninguém embora. Pelo contrário, tive que contratar mais pessoas, e não foi porque eu fiz um orçamento ou um plano de negócios; isso aconteceu apenas porque soltei e me deixei guiar. O dinheiro veio de lugares que eu não poderia ter planejado ou sequer imaginado.

Não digo que você tem que fazer o mesmo que eu. Você tem que encontrar sua própria forma de fazer as coisas.

Até hoje é a forma como gerencio a minha vida e minha "profissão". Simplesmente sigo e me deixo guiar. Quando me perguntam sobre meus planos, muitas vezes respondo "Não sei", porque a verdade é que não sei e gosto de poder viver no momento presente.

Claro, sei o que tenho que fazer, que tenho que ir à América do Sul, ao Oriente Médio ou à Europa, e tenho mais ou menos que fazer um plano com os organizadores. Comprar as passagens, para que não sejam tão caras no último minuto etc. Sei que vou, mas não me apresso para determinar as datas. O importante é fluir, porque as coisas podem mudar quando limpamos.

Definitivamente, confiar é uma parte importante da fórmula; quando eu dizia: "não vou me preocupar", era porque eu confiava em Deus completamente, sabia que ele era quem iria cuidar das coisas, não eu, não a minha mente nem as minhas emoções. Eu sabia que esta última não me levaria pelo caminho certo.

Não há muitos segredos quando falamos de prosperidade. Trata-se de perceber quem somos, que não somos esses medos ou ansiedades e que não precisamos nos preocupar, porque não estamos sozinhos. Que, se eu me preocupo, se acho que estou sozinha e que tenho que fazer algo sozinha, se me prendo a esses pensamentos negativos, aí é que eu travo tudo e consigo exatamente o oposto do que estou buscando.

Muitas vezes as coisas estão na nossa frente e não as vemos. Temos de ficar alertas. Nunca sabemos de onde algo virá. Devemos nos deixar guiar. Fazer tudo sozinhos é mais duro e difícil.

Também é importante sermos gratos pelo que temos. Concentre-se nas coisas que você tem, e não nas coisas que te faltam. Ser grato mudará sua energia e tudo o que você atrai.

Diga a Deus: "Deus, eu farei a minha parte (soltar) para que você faça a sua. Você sabe quem são meus clientes, pacientes, alunos certos para mim". E lembre-se de que você não deve se preocupar, porque Deus, além de conhecer todos os seus problemas, conhece todas as suas dívidas e os seus compromissos.

Tudo começa conosco. É uma decisão, porque nós temos o livre-arbítrio e Deus não invade a nossa privacidade.

O que acontece quando nos roubam?

Vamos começar falando sobre um roubo especial. Quando não nos amamos, é como se estivéssemos nos roubando. Não nos aceitar como somos é roubar a possibilidade de sermos felizes e de estarmos em paz. Quando não assumimos a responsabilidade, roubamos de nós mesmos a possibilidade de sermos livres. Continuamos dando nosso controle e poder aos outros.

Um dia alguém comentou comigo que o cigarro roubava a vida dele; assim, acredito que depende muito da percepção individual de cada um de nós. Acho que é importante que você tenha isso em mente ao tomar suas decisões.

O que acontece quando roubam o nosso dinheiro? Bem, se isso não é certo, não há necessidade de se preocupar, porque há um juiz que vê o que acontece. Além disso, tudo volta na vida. Não temos de ser esses juízes nem devemos fazer justiça. Agora, se isso for certo, poderia ser realmente uma bênção, porque pode ter sido uma dívida que tínhamos e devíamos de outras vidas, e essa é uma forma de pagá-la e nos libertar.

Lembre-se de que tudo volta na vida. É melhor não criar mais carma do que já temos.

A propósito, quero contar a você a história de um jovem que conheci em Los Angeles que, no dia em que foi roubado, disse ao ladrão: "Obrigado por estar me roubando". Então, o ladrão começou a devolver tudo o que havia tirado dele. O ladrão perguntou a ele onde morava e, quando ele respondeu, ficou impressionado: "Esse não é um bairro seguro, deixe-me acompanhá-lo". E foi com ele, como seu guarda-costas.

Outra pessoa, no Paraguai, me contou a mesma coisa e disse que acabou indo tomar um café com o ladrão, a quem insistia para que levasse o relógio, e no final o ladrão não queria levar nada.

Uma coisa que quero lhe dizer é que a vida é realmente uma grande peça de teatro, e tudo é perfeito. Aquele que tinha que roubar não encontrou por acaso a pessoa que ele iria assaltar; ele precisava ser roubado por algo que acontecera em seu passado, possivelmente em vidas passadas. Mas, no momento, é claro, não conseguimos entender.

Uma pergunta que se repete muito é: o que acontece com o abuso? O mesmo. A vítima não encontrou o abusador por acaso, porque não existe casualidade, mas sim, como bem sabemos, a causalidade. Ou, como alguns dizem, as "deuscidências". Tudo está muito bem planejado. É isso que precisamos entender. Devemos acordar e não nos ver ou ver os outros como vítimas. Por isso, não se prenda, não tente entender, não dê voltas nem remexa no passado.

Não podemos continuar vivendo no passado, pois nos machucamos e vamos continuar repetindo isso. Devemos soltar, perdoar, fechar a porta, porque, se não fechamos e nos apegamos a nos ver como vítimas, não permitimos que outra porta se abra. É também uma forma de fechar as portas para a prosperidade.

Cuidado, porque muitas vezes dizemos que soltamos, mas, na realidade, não fazemos isso. Soltamos, mas continuamos nos preocupando ou pensando nos problemas. Às vezes, ficamos presos em situações como divórcios, mentiras ou traições. Queremos justiça, mas também é a mesma questão, não sabemos o que é "justo" porque aí também aparecem muito as nossas memórias (dívidas) de outras vidas.

Sei que muitos se perguntam o que acontece quando as ações dos outros nos machucam. Bem, nesse caso, não devemos permitir que o ressentimento apareça. Devemos desejar-lhes o melhor, falar com Deus e dizer: "Você sabe o que é certo e perfeito. Você sabe do que eu preciso. Vou soltar e confiar, e ter confiança de que você vai cuidar de mim, me proteger e me dar aquilo de que eu precisar quando eu precisar".

Se em algum momento for necessário tomar medidas legais, não é errado fazer isso, mas assumindo 100% da responsabilidade e deixando que Deus o dirija e intervenha no processo. Nós soltamos em vez de nos preocupar e nos deixamos guiar. Dessa forma, o advogado, o juiz e todos os envolvidos também agirão mais a partir da inspiração. Lembre-se: nós o atraímos.

Se você se pergunta por que as coisas acontecem, deve saber que tudo acontece por algum motivo. Tudo são oportunidades para apagar e, por favor, faça isso sem expectativas. Por favor, peça apenas o certo e perfeito para todos. Sempre segurando na mão de Deus, pois ele sabe o que é certo para cada pessoa envolvida; e não se esqueça de agradecer, porque sempre o que vier será melhor.

Deixe que o Universo lhe traga a oportunidade certa e perfeita. Às vezes, por estarmos à procura de emprego, perdemos a possibilidade de começar algo próprio, nosso, e ser independentes. Abra sua mente para todas as possibilidades. Como sempre digo, nunca sabemos de onde pode vir. Fique em paz. Confie.

Entendo que às vezes é difícil evitar nos prender, nem que seja um pouco, mas você precisa trabalhar nisso. A chave é saber que as coisas acontecem por algum motivo, alguns mais difíceis que outros, mas é preciso soltar e confiar. Acontece com todos nós.

Minha experiência é que, em casos difíceis ou de medo, repetir "solto e confio" ou "não vou me preocupar" produz resultados mágicos.

Estamos todos aqui aprendendo, não sabemos, não temos todas as informações. Devemos nos manter conscientes e presentes. Acontecem coisas conosco, fazem coisas conosco, nós nos dobramos, mas voltamos para o centro, voltamos ao ponto zero, inicial, neutros, o máximo possível. Fazemos sempre o melhor que podemos.

Como chegar e se manter no caminho da abundância?

Vou compartilhar uma experiência com você: a história do vestido para o casamento do meu filho. Quando percebi que não podia esperar mais, que a data estava chegando e eu não podia deixar para quando voltasse da minha próxima turnê, eu disse a mim mesma: "Tenho que fazer isso agora". Mas gosto mais quando as coisas aparecem para mim. Gosto que elas me guiem, que me levem. Além disso, eu não tinha tempo nem vontade de gastar muito.

Dessa vez, eu teria que ir buscar o vestido, em vez de esperar que ele aparecesse para mim. Então decidi pesquisar na internet e fazer uma ligação. Além de ter a pressão de ser a mãe do noivo e querer encontrar algo especial, isso é investir tempo em algo que você vai usar uma vez e que não é tão importante.

Quando fiz a ligação, falei com alguém que me disse que a estilista que eu conhecia e estava procurando não trabalhava mais e que os vestidos dela não estavam mais disponíveis. A pessoa me recomendou um lugar em Beverly Hills. Claro que eu não pagaria o preço de um vestido daquela área, mas tinha curiosidade de ver o que havia lá e quanto custavam os vestidos.

Antes de sair de casa, falei com Deus e com o Universo e disse: "Vocês já sabem o que vou vestir e onde está esse vestido; por favor, ajudem-me e guiem-me para encontrá-lo rapidamente". Ativei o GPS no meu celular, porque sempre em Los Angeles é preciso usá-lo para evitar o trânsito e saber por onde ir mais rápido.

Ao longo do caminho, o GPS me mostrou que havia uma rota que me economizaria três minutos. Em outro momento, eu nem teria dado atenção, não valia a pena fazer o desvio para economizar apenas três minutos, mas, como eu havia pedido para ser guiada, aceitei a sugestão, porque poderia ser o Universo com suas indicações.

Como me desviei, no caminho passei por um shopping center muito bonito aonde nunca vou. Para completar, estava em reforma, então foi um pouco, como dizemos na Argentina, "como se meter entre os andaimes".

Quase todas as lojas estavam fechadas, então entrei na única que estava aberta. Não havia outra opção. E ali encontrei o vestido! Tenho que ser sincera: em um momento duvidei e até perguntei se poderia devolvê-lo caso eu mudasse de ideia, mas então disse a mim mesma: "Mabel, você pediu ajuda e agora vai hesitar?". Assim, de lá, fui direto para casa e nunca fui ao outro lugar aonde pensava que estava indo.

Isso é importante! Você só quer saber e perceber como funciona: o Universo está sempre aí para nós, até para as coisas pouco importantes, e sempre podemos consultar ou pedir, não precisamos fazer nada sozinhos. Você só tem que pedir, soltar e confiar.

Não sei se já contei a história de um homem que vai perguntar ao pastor se aquela é a mulher perfeita para ele. O pastor responde que sim, que aquela é a pessoa perfeita para ele. Ele se casa com ela, mas, após o casamento, a mulher morre. Só que ela tinha muito dinheiro, e, ao morrer, ele herda toda a riqueza dela. Ele fica com raiva e diz ao rabino: "Você me disse que ela era a mulher perfeita para mim", e o pastor responde: "Claro, ela era a mulher perfeita. A única coisa pela qual ela veio a esta vida foi para te devolver o dinheiro que te devia de outra vida. Ela o devolveu e foi embora".

Interessante, não?

É preciso confiar que tudo acontece por uma razão – se você for demitido de um emprego, se não tiver o suficiente para pagar as dívidas. Tudo é sempre perfeito e certo, e se você soltar em vez de se preocupar, tudo de que você necessita aparecerá quando precisar. Nem antes nem depois. Então, por favor, confie, porque a abundância também tem muito a ver com "eu não vou me preocupar". **Tenha fé.**

Devemos nos abrir à possibilidade de estarmos com a cabeça vazia e diante da luz. Libertar-nos, dar permissão e dizer a Deus: "Você sabe o que é certo e perfeito para mim, estou pronto. Eu solto e você consegue isso para mim". E, como eu disse antes, se o que esperamos que aconteça não ocorre, é porque não era para ser e porque algo melhor ainda está por vir. Devemos confiar, soltar, continuar soltando e confiando, e não importa o que aconteça, não nos preocupar, assim Deus pode se encarregar de tudo.

Como praticar o desapego das coisas materiais?

Trabalhar o desapego material foi uma parte muito importante da minha jornada, porque percebi que tinha tudo de que achava que precisava para ser feliz, mas mesmo assim eu não era.

Uma coisa fundamental que percebi é que eu não precisava nem dependia de ter ou possuir algo para ser feliz, que me foi dada a oportunidade de aproveitar as coisas sem ser a dona. Como, por exemplo, quando minha amiga Olga me conheceu, na Suíça, e me entregou as chaves da sua casa lá, que era linda, e me disse que eu poderia ir quando quisesse, mesmo que ela não estivesse lá.

Muitos me questionam sobre viver sem objetivos e sem fazer planos. "E os nossos desejos e sonhos, Mabel?", me dizem. Não se trata de não os ter. Podemos ter desejos, mas não devemos nos apegar a eles. Não dependemos da realização deles para sermos felizes. Assim percebemos que os desejos e planos de Deus para nós são muito melhores do que imaginávamos.

Se permanecermos fechados e determinados em conseguir o que queremos, podemos estar perdendo algo muito melhor. Por isso, sempre peço a você que esteja alerta, presente e flexível.

Além disso, os planos e metas nos fazem viver mais no futuro, e isso também não funciona. Tudo o que temos é este momento presente. Eu o convido a permanecer no agora e a se abrir para os milagres.

Às vezes, há pessoas que têm que viver a experiência e aprender o desapego das coisas através de desastres naturais, como incêndios, terremotos, furacões etc.

Quando foram registrados os graves incêndios que ocorreram na cidade de Los Angeles, eu me questionava: "Por que esta casa pegou fogo e esta outra, ao lado, não? A mão de Deus está aí?". Você entende que, enquanto estivermos "conectados", não precisamos nos preocupar com nada, porque estaremos seguros e protegidos?

Não sei, cada um veio viver seu processo. Eu tive que viver o terremoto no México e tenho histórias muito interessantes. Mas as tragédias, os terremotos, os incêndios e os tsunâmis são para que acordemos, porque ainda estamos dormindo e continuamos nos vendo como vítimas.

Aproveito a oportunidade para lembrar a você mais uma vez que, quando vemos as pessoas como vítimas e temos pena delas, não estamos ajudando, mas a limpeza do Ho'oponopono, sim, ajuda. Claro, somos responsáveis. Estamos aqui por alguma razão. Digo a Deus: "Desculpe-me pelo que há em mim que causou isso,

isso não me faz culpado, mas sim responsável". A única coisa que posso fazer é soltar e entregar, e quando faço isso, deixo que Deus ajude os demais. O que se apaga em mim é apagado nos outros.

A mesma coisa acontece se nos vemos como vítimas. Soltemos e entreguemos a Deus.

Às vezes, é quando perdemos tudo que podemos ver as bênçãos, porque aí não temos outra opção a não ser nos tornarmos vulneráveis e nos entregarmos. Nesse ponto, não temos escolha a não ser desapegar.

Dizem que a riqueza é o que resta quando perdemos tudo. É o que temos dentro de nós: as vivências, as lições aprendidas e a experiência.

Para terminar...

Espero que você esteja pronto para transformar a sua vida e dar esse próximo passo para a vida dos seus sonhos.

Tudo de que necessita está dentro de você. Você não depende de nada nem de ninguém, e, neste livro, eu o lembro disso.

Confie no seu GPS interno. Atreva-se a voar às cegas. Não tenha medo do medo ou da incerteza, você não está sozinho. O processo pode ser fascinante.

Muitas pessoas me dizem que eu mudei a vida delas, e tomara que você escolha ser o próximo. Permita-me acompanhá-lo no processo.

Solte e confie.

Ferramentas para praticar o Ho'oponopono

Aro de ouro

Se você sentir que precisa de proteção extra, repita mentalmente "aro de ouro". Quando você disser isso, um aro de ouro descerá (você não precisa visualizá-lo) e a Divindade te cobrirá totalmente.

Lembre-se de que você pode colocar o aro de ouro em outras pessoas, mas sempre o coloque primeiro em você.

Fechar-se a vácuo

Se você sentir que precisa de proteção, repita mentalmente "Eu me fecho a vácuo". É como se um plástico de cor azul-gelo te cobrisse (você não precisa visualizá-lo) e te fechasse, assim como a comida a vácuo é fechada. Você pode fechar a vácuo outras pessoas, mas sempre faça isso com você primeiro. Também pode usá-lo para fechar objetos a vácuo. Eu, por exemplo, fecho o avião a vácuo toda vez que viajo. Aliás, essa é uma ferramenta que, literalmente, um avião me ensinou durante um voo. Pode parecer um pouco estranho, eu sei, mas foi assim que aprendi a "me fechar a vácuo".

Copo de água

- Encha pelo menos ¾ de um copo de vidro transparente ou colorido com água da torneira.
- Troque a água no mínimo duas vezes por dia, de manhã e à noite.

- Quando você se sentir sobrecarregado, pode trocar a água quantas vezes precisar para se sentir melhor.
- Você pode jogar essa água em uma planta. Não se preocupe, porque seus pensamentos e emoções machucam o mundo mais do que jogar um pouco de água. E, se o seu gato ou alguém da sua casa tomar a água por engano, por favor, não ligue para a emergência. Nada vai acontecer.
- Sim, você pode colocar mais de um copo. Siga sua própria inspiração.
- Você pode colocar o copo na casa, no trabalho, em qualquer lugar onde você se sinta inspirado.
- O copo de água limpa as vinte e quatro horas do dia. Ele vai limpar quando você se esquecer de limpar.

DICA: Você pode colocar sob o copo d'água fotos, documentos, folhas com nomes de familiares ou amigos, endereços, o que quer que sua inspiração diga, somente se você sentir que isso o ajuda a soltar e entregar.

Flor-de-lis

Quando perguntei ao dr. Ihaleakalá sobre a ferramenta flor-de-lis que tinha chegado até mim por meio da inspiração enquanto eu estava em Israel, ele respondeu o seguinte:

A flor-de-lis é um processo de limpeza que liberta memórias dos derramamentos de sangue da guerra constante e da escravização de ideias, lugares, situações e crenças, que, por sua vez, causam guerra constante. A maneira de usá-lo é "Eu coloco a flor-de-lis sobre a situação".

Mais tarde, naquele mesmo dia, o doutor me enviou outro e-mail, dizendo: "Nossas mentes estão em constante guerra com nós mesmos!". Assim, entendi a que ele se referia. Agora eu compartilho como usar essa ferramenta:

- Mentalmente você pode repetir: "Eu coloco a flor-de-lis sobre a situação".
- Essa é outra forma de soltar e entregar seus problemas em vez de reagir (resistir).
- Funciona para todos os tipos de problemas. Siga sua própria inspiração.

Você pode participar da minha campanha de paz mundial e adquirir no seguinte link (em espanhol) os produtos de flor-de-lis que irão ajudá-lo a limpar vinte e quatro horas por dia, sete dias por semana: https://mabelkatz.com/espanol/accesorios/.

Luzes do arco-íris

Essa é uma ferramenta que o dr. Ihaleakalá me ensinou para que eu pudesse compartilhá-la.

- O tempo todo você pode repetir mentalmente (não precisa visualizar): "Eu envolvo a situação nas luzes do arco-íris".
- Funciona para todos os tipos de problemas.
- Siga sua própria inspiração.

A cruz perfeita

Essa é outra ferramenta que o dr. Ihaleakalá me ensinou para que eu pudesse compartilhá-la.

- O tempo todo você pode repetir mentalmente (não precisa visualizar): "Eu coloco uma cruz perfeita sobre a situação".

- Funciona para todos os tipos de problemas.
- Siga sua própria inspiração.
- Pode ser usada a qualquer momento.

"Solto e confio"

- Nos momentos de medo ou preocupação, nos momentos difíceis, quando você já sabe que não pode fazer muito, que as coisas escapam das suas mãos, ou quando sua inspiração indicar, você pode repetir mentalmente "Solto e confio".
- Repetir isso pode ajudar você a retornar ao presente e ficar mais em paz. Às vezes, você terá que repeti-lo muitas vezes para não permitir que seus pensamentos ou emoções continuem levando-o para o passado ou para o futuro.
- Funciona para todos os tipos de problemas. Siga sua própria inspiração.
- Pode ser usado em todos os momentos.

"Não vou me preocupar"

- Você pode repetir mentalmente "Não vou me preocupar". É realmente uma forma de entregar seus problemas a Deus (o Universo). Você está pedindo ajuda, e ele sempre o escuta e responde. Você deixa de lado as expectativas e a preocupação repetindo "Não vou me preocupar" e volta para o presente, vivendo o momento, assim você não fica preso nas preocupações.
- Siga sua própria inspiração.
- Pode ser usado a qualquer momento e para qualquer tipo de problema.

"Obrigado" e "te amo"

- Essas são as mais famosas e conhecidas. Lembre-se de que você não precisa senti-las. As ferramentas do Ho'oponopono são como senhas para dizer a Deus que nós entregamos a ele.

- São formas de pedir ajuda e permitir que a inspiração o guie.
- Você pode usá-las da maneira que quiser: juntas ou separadas, em qualquer ordem.
- Tampouco questione para quem você está dizendo isso. São "senhas".
- Repita-as muitas vezes, mentalmente, a qualquer hora, em qualquer lugar, sob quaisquer circunstâncias.
- Funcionam para todos os tipos de problemas.
- Quando você usa as ferramentas, você está assumindo 100% da responsabilidade (não culpa) e está entregando para uma parte sua mais inteligente que a sua mente para ajudá-lo a resolver. Todas elas substituem "Sinto muito, perdoe-me por aquilo que está em mim que criou isso".
- Siga sempre a sua própria inspiração.

Glossário

- **100% de responsabilidade:** no Ho'oponopono, falamos de "100% de responsabilidade" pelos programas (memórias) acumulados em nossa mente subconsciente, que são os que criam e são responsáveis na nossa vida. Por favor, não confundir com culpa.
- **Codependência:** quando pensamos que dependemos de coisas ou pessoas para sobreviver financeiramente, para sermos felizes ou para ficarmos em paz.
- **Comprar:** quando menciono "não comprar", quero dizer não acreditar em tudo o que nos é dito ou perceber como "compramos" até mesmo nossas próprias histórias. Muitas vezes seria sinônimo de nos envolver/prender.
- **Criança interior:** nosso subconsciente; ou seja, o banco de dados (onde nossas memórias estão acumuladas). É a parte que gerencia nossas funções físicas e é a nossa parte emocional.
- **Desapego**: perceber que não dependemos de coisas ou pessoas para sermos felizes. Aceitar que tudo é certo e perfeito.
- **Deus:** quando menciono a palavra *Deus*, não estou, de forma alguma, fazendo isso em um contexto religioso. Para mim, Deus é aquela parte interior a todos nós que sabe tudo. Na verdade, não pode ser definida, não tem um nome, é apenas uma experiência. O Universo, a natureza, uma mente mais inteligente que a nossa.
- **Ego:** aquela parte de nós que pensa que sabe tudo. Deus nos deu essa parte para exercer nosso livre-arbítrio, mas nós acreditamos que nos deram essa parte para nos educar e nos tornar mais inteligentes.

- **Inspiração:** informação nova. Vem da Divindade. Vem a nós quando lhe damos permissão. Por exemplo, através do Ho'oponopono, ao permitir que Deus transmute o que estamos prontos para apagar, também estamos permitindo que nos inspire com a resposta certa e perfeita.
- **Intuição:** premonições. Vem do subconsciente. Algo que já aconteceu e está prestes a se repetir. Nossa criança interior (subconsciente) pode nos prevenir.
- **Memórias:** pensamentos, crenças, decisões que tomamos e que se acumulam em nosso subconsciente.
- **Memórias de outras vidas:** há provas científicas de que não somos este corpo, mas sim almas reencarnadas. Escolhemos voltar para que possamos corrigir erros de outras vidas. Todas essas são aquelas memórias que acumulamos em nossa mente subconsciente.

  Lembre-se de que já nascemos com muita informação em nosso subconsciente (memórias).
- **Pensamentos:** a maioria dos nossos pensamentos são repetições de memórias.
- **Perdoar:** aqui falo de perdoar no nosso coração, fazer um trabalho interno para não nos machucarmos mais e deixar de viver no passado. Também aceitar que tudo é certo e perfeito e que há sempre uma bênção por trás de cada traição ou engano.
- **Programas:** aqui nós os usamos indistintamente com as memórias que acumulamos, algumas desta vida e muitas de outras vidas ou mesmo de nossos antepassados. Em muitos casos, como consequência de eventos dolorosos ou decisões, escolhas, crenças, pensamentos.
- **Render-se:** tornar-se mais humilde. Perceber que não sabemos muito. Nós nos rendemos a uma parte de nós que sabe melhor e a quem entregamos nossos problemas, em vez de pensar que podemos resolvê-los com a mente. Por favor, não confundir com resignar-se.
- **Soltar:** é entregar nossos problemas a uma mente mais inteligente que a nossa, que nos criou, que nos conhece melhor do que ninguém,

que tem todas as soluções e que sabe o que é certo e perfeito para nós. É uma maneira de se render, de se tornar mais humilde e reconhecer que não sabemos tanto. Por favor, não confundir com resignar-se.
- **Sonhos:** podem ser experiências de vidas passadas ou premonições, coisas que podem acontecer. Todos são oportunidades para limpar, podemos evitá-las ou preveni-las.
- **Superconsciente:** é aquela parte de nós que é perfeita e sempre está conectada com a Divindade.

Para conhecer os programas de Ho'oponopono e Zero Frequency®
de Mabel Katz, uma experiência transformadora voltada para crianças, pais e
educadores, obter informações sobre
sua linha completa de seminários, workshops e conferências ou encomendar
livros, você pode entrar em contato com a autora:

Your Business, Inc.
P. O. Box # 427
Woodland Hills, CA 91365
Telefone/Fax: (818) 668-2085

support@mabelkatz.com

www.mabelkatz.com

**Acreditamos
nos livros**

Este livro foi composto em Crimson Text e Mendl Sans
e impresso pela Gráfica Santa Marta
para a Editora Planeta do Brasil em fevereiro de 2024.